心地いい
生き方の地図

インドの古典ヨガ哲学が
人生の悩みを解きほぐす

永井 由香

はじめに

ヨガに出会ってから、人生が変わりました。

ヨガを始めた頃は、純粋にヨガの教えをもっと深く知りたいとだけ思っていましたが、気がついたら生き方が変わり、「夢」だと思っていたことが次々と現実に起こりました。もちろん、今の生活が完全に理想通りだとは思っていません。しかし、常に変化しながら与えられた今を楽しめるようになり、まだ起きていないことに不安を感じることが少なくなりました。

ヨガの思想を学ぶことで日常生活の中での考え方が変わり、シンプルに目標に向かえるようになったのだと思います。感情的に苦しむ時間が減り、穏やかな気持ちで過ごせる時間が増えています。そのことに気がついてからは、人生がとても安定し、毎日を楽しめるようになりました。

ヨガを練習している人も、ヨガに出会わない人も、人生の中で悩みを抱いて、それを背負って生きていることは同じです。

悩みの解決方法は人によって違い、ヨガからヒントを得られる人もいれば、別の方法で解決できる人もいます。もしくは、何もしなくても、毎日を安定して過ごせる人もいるでしょう。

ヨガが全て正しいと思ったことはありませんが、私が苦しかったときに助けてくれたのはヨガの知恵でした。

もし今現在悩みがある人、自分を変えたいと思っている人がいるなら、ヨガの教えに出会うキッカケがあればヒントになるかもしれない。

そう思って、この本を書いています。

インドで学んだヨガは人生の歩み方だった

私は思春期の頃からインドの神話、哲学、ヨガ、文化などに魅かれていました。前世はガネーシャ神（象の神様）だったに違いないと真剣に信じていたくらいです。

学問の神でもあるガネーシャ神は、象の頭と人間の身体を持つ神様で、多くのヨガ修行僧たちが崇拝するシヴァ神の息子です。ガネーシャは一見愛くるしい姿で人気がありますが、知識のつまった大きな頭、外の世界に惑わされずに集中できる小さな目、人の話をよく聞く大きな耳、自己主張をしない小さな口など、私たちのあるべき姿を示してくれています。私が今住んでいるムンバイで最も信仰されている神様です。

ヨガの練習を始めてから、すぐにインドに通うようになりました。最初の頃はアーサナ（ポーズ）の練習をたくさんしました。しかし、インドで出会った先生方は、ポーズ以上にヨガ思想について教えてくれる先生が多く、それはまるで道徳の授業のようでした。

ヨガのポーズの練習をしているときも「身体は自分の魂の滞在するお寺だから大切にしなさい」と、いつも言われます。

インドで学んだ古典教典の面白さに気がついてからは、何度も繰り返し読み、本で読んだ内容をポーズの練習の中で試してみました。

ヨガの練習の中で学んだことによって、いつの間にか日常生活の思考も変わっていきました。気がつくと悩むことが減っていて、その分、冷静に行動できることが増えました。生活が安定し、生きることがとても楽になりました。行きたい場所に行けるようになり、会いたいと思っていた人には出会えて、本当に欲しいと思っていたものは、思っていた形と違っていたとしても現実になっています。

ヨガを始めた頃の一番の願いは、安定した生き方でした。

その頃は、インドに住めるとも、充分に学びを続けながら安定した生活を手に入れられるとも思っていませんでしたが、どちらも叶いました。

ずっと雲の上の人だと思っていた今のグルジ（師匠）に会えるとは思っていませんでしたし、直接指導を受けて、同じ舞台に立てるなんて想像もできませんでした。

そうして願いを手に入れることができましたが、ヨガの学びは一生続くものなので、何かを手に入れても終わりが来るわけではありません。

ゴールなく進む人生は先が見えずに苦しいものです。しかし、私はインドで学んだヨガを通して、人生の歩み方を教えてもらえたと思っています。人生は先が見えず苦しいものだからこそ、その時々の「今」を楽しめるようにならなくてはなりません。

物質的に得たものよりも、心のあり方こそが一番のご褒美なのです。

ヨガは人生の道に迷ったときに必要な地図

ヨガの哲学を学んでいるときに何度も聞いた言葉があります。

・思考を変えると行動が変わる
・行動を変えると生活習慣が変わる
・習慣を変えると人生が変わる

ヨガ的な生き方を考え続けたことが、人生の道を照らしてくれました。まるで地図が与えられたように、自分の歩む道を照らしてくれたのです。

ヨガが生まれた時代でも、現在でも、人の悩みは尽きません。
ヨガは紀元前２０００年頃のインダス文明の頃からあったといわれ、紀元前３００年頃に今の形に体系化されたといわれています。対人関係、健康、死への恐怖、人生の選択など、現代の私たちと変わらない人生の悩みが古い教典に残っています。
時代に関係なく、人の心が人生を変えることは共通しているのですね。

私自身もまだヨガの学びの途中ですが、古代から先生たちが口伝《くちづた》えで残してきたインドのヨガの教えが、必要な人に届くように、できるだけ分かりやすい言葉でご説明したいと思います。

本書では、第一章で主にヨガ的思考の土台となる理論をご紹介し、その後の章で、日常に取り入れられる瞑想方法や、現実的なお悩みに対するヨガ的思考にもとづいた回答などを記載しています。生活で活かせる実践部分も多くあります。各章は独立しているので、最初から読んでいただいても、気になるところから読んでいただいても大丈夫です。

本書で参照する教典について

本書の中で主に引用しているヨガの教典は3冊です。
それぞれ、違う背景を持った教典です。各教典の背景を簡単にご説明します。

【バガヴァッド・ギーター（ヴェーダーンタ学派）】

バガヴァッド・ギーターは、ヴェーダーンタ学派と呼ばれるインドの哲学学派の教典のひとつです。現在のインド思想の代表的な1冊で、ヒンドゥー教の最も有名な教典でもあります。

ヴェーダーンタ学派は、紀元前500年頃に書かれたヴェーダと呼ばれる一連の宗教文書を研究する学派です。バガヴァッド・ギーターは、学者のみが知ることの許されたヴェーダーンタ学派の教えを、一般庶民に分かりやすく説明した書物です。ギーターの中では、老若男女、健康な人も病気のある人もヨガの実践ができると説明されています。

ギーターにおけるヨガの目標は、自分自身の本質に出会い、ブラフマン（宇宙の根本原理）と一体になることで、そのための道が複数書かれています。個々人に適した方法で実践を行うことで、目標に到達することができます。

【ヨガ・スートラ（ヨガ派）】

ヨガ・スートラは、ヨガ派の古典教典です。4～5世紀頃に構成されたといわれています。ヨガはもともと、人里離れた場所で修行者が瞑想を行っていたものが起源となっています。

ヨガ・スートラでは、プルシャ（真の自分）に出会うために、8支則と呼ばれる8つのステップを実践する方法を解説しています。

【ハタヨガ・プラディーピカ（ハタヨガ）】

私たちが思い浮かべる現代のポピュラーなヨガはハタヨガにあたります。身体を使った鍛錬により、深い瞑想（ラージャ・ヨガ）への準備をします。

16世紀頃に書かれたハタヨガ・プラディーピカは、ハタヨガ教典の中では最も有名で、インドのヨガの学校では必ず学びます。アーサナ（ポーズ）、プラーナーヤーマ（呼吸）、ムドラ（印相）など、現在のヨガに最も影響を与えています。

第一章

ヨガとは何かを知ろう

第二章

瞑想って何が良いの？ ～ヨガ的な瞑想を知り、実践してみよう～

第三章

日常の悩みをヨガ的思考で解決する

第四章

ヨガは実践する哲学 ～今日から実践できるインド哲学的生き方～

第五章

ヨガが教えてくれる自然体の幸せ

第一章

ヨガとは何かを知ろう

ヨガの定義とは
〜エクササイズだけがヨガじゃない〜

日本でも多くの人がヨガスタジオやスポーツジムのヨガクラスに通うなど、ヨガは広く定着しています。ヨガのクラスに通う人は、どのような目的で始めたのでしょうか？

・健康になりたい
・ダイエットや美容目的
・ストレスを軽減したい
・自分磨き

やはり、運動や心身のメンテナンス的な要素の目的が強いでしょう。

では、たくさんあるフィットネスや運動とヨガの違いはどのようなものでしょうか？

多くの人はフィットネス目的でヨガを始めることが多いですが、本来のヨガの意味とフィットネスはやはり違います。

古典教本の中に書かれたヨガの定義

日本でポピュラーなヨガ・スートラ、バガヴァッド・ギーター、ハタヨガ・プラディーピカなどの文献は、全く別の宗派に属する著者によって書かれています。そのため、細かく読み比べると、各教典の内容には矛盾点も複数見つかります。しかし、それ以上に共通している大事な本質があります。

その共通点とは、「自分の本質を知ること」を目的にしていることです。

目的までのアプローチは流派によって大きく変わります。

山頂を目指す登山は、複数の道が存在しても辿り着くゴールは一つであるように、ヨガの道も登山と同じように、厳しく短い道もあれば、長く緩やかな道もあります。
ただし、どの登山も必ず自分の足で登らなくてはいけません。ゴンドラやヘリコプターでは辿り着けない山なのです

あらゆる古典ヨガは自分自身の本質を知るメソッド

ヨガ・スートラの中では、

「ヨガとは心の働きを止めることである」（ヨガ・スートラ1章2節）

と書かれています。

心の働きを止めるとは、どういう意味でしょうか。
ただ考えることをやめればいい、思考を止めればいいということではありません。
思考を止めることで、自分自身の本質を見ることができる。それがヨガの目的です。

私たちは、肉体や思考、社会的な立場などで自分を認識していますが、それらは全て表面的な姿にすぎません。本来の私たちの姿は限りなく純粋で、外的な要因に一切影響されない存在です。

しかし、普段は思考の波などが覆いかぶさってしまい、その本来の姿を認識することができません。

「心の働きを止めること」とは、隠されていた私たちの核にある自己の本質（プルシャ）を自覚することです。それがヨガ・スートラの中で書かれているヨガです。

一方、バガヴァッド・ギーターの中では、

「成功または失敗に対する執着を捨てなさい。その平等の境地をヨガと呼ぶ」（バガヴァッド・ギーター2章48節）

「物質的な苦からの解放がヨガである」（バガヴァッド・ギーター6章23節）

と書かれています。

クリシュナ神は「平等の境地」こそがヨガだと言います。クリシュナ神はバガヴァッド・ギーターに登場する神様で、ヨガとは何かを教えてくれます。

平等の境地とは、物質的な変化に心が動かされない状態です。ヨガを学ぶと、物事の結果（成功や失敗）に心が惑わされなくなります。

私たちの本質であるプルシャ（真我）、またはアートマン（我・個の根源）は「私のもの」という自我を持ちません。

好ましいもの、好ましくないもの、どちらからも影響を受けないため、全てのものを平等にとらえ、常に平穏でいることができます。平等の境地に達することとは、アートマン（個の根源）の状態にいることと同意なのです。

（※アートマンやプルシャについては第四章で詳しく解説します。ここでは、どちらも「自分自身の本質」という意味で捉えていただければ大丈夫です）

ヨガの状態、つまりアートマンの本来の姿は海に似ています。

海には水が流れこんで満たされますが、海は不動を保っています。同じように、ヨガの智慧のある人は、富や不幸を得ても、平穏な状況を保つことができます。いかなるものにも動揺させられず、純粋さを汚されない本来の自己の姿に達することがヨガです。

ヨガにはたくさんの流派や違ったアプローチがありますが、本当の自分を求めるための道という意味で共通しているのです。

ヨガの目的を理解しよう

「幸せを手に入れる」ではなく「幸せに気がつく」

ヨガは幸せを手に入れる方法ではありません。
すでに存在する幸せな自分に気がつくための方法です。

例えば、「痩せたいから」という目的でヨガを始めたとします。それ自体はとてもポジティブに聞こえますが、「痩せたら私は幸せになれる」という考え方は、「まだ痩せていない自分は幸せでない」という現在の不幸に変換されてしまうことがあります。「痩せないと幸せになれない」といった条件つきの幸せは一時的なものなので、その条件が叶わない限り、自身は不幸だという妄想を生んでしまいます。ヨガの練習を続ければ体重は減るかもしれませんが、本当の目的は、「痩せていても痩せていなくても幸せ」だと気がつくことです。それが先ほど述べた平等の境地です。

私たちの心は、自分にとって好ましくないものがあると、自然とそこに意識を向けてしまいます。ネガティブなものに意識が向いてしまうのは、人間が生物として培ってきた自分自身を守るための自然な危機管理能力によるものなので、それ自体を否定する必要はありません。

しかし、自分を守るために備わったネガティブ思考であっても、行き過ぎると幸せの妨げになってしまいます。快適に生活するためには意識的に心をコントロールしたほうがいいでしょう。

物質的な成功は期間限定の幸せ。依存や執着を生むもの

ネガティブな思考が幸せを妨げることについて、ある女性の例からみてみましょう。
彼女は、学生時代にはお金が無くて節約生活をしていたので、社会人になったら美味しいレストランに行けるようになりたいと切望していました。

社会人になって自分のお金で食事に行けるようになりましたが、嬉しかったのは最初の数カ月のみ。外食が続いて体重が増えたことが、新たな不満になってしまいました。そこでスポーツジムに通い、一生懸命ボディメイクをしました。しかし今度は、せっかく痩せても多忙になり過ぎてお洒落をして出かける時間がなく、新しいフラストレーションが溜まります。

このように、ひとつの目標を叶えても、まだ手に入っていない部分に意識が向いてしまうと、いつまでも理想を追いかけ続けるループから抜け出せません。

物質的な成功は、ある程度の努力で手に入るでしょう。この女性も、周りから見れば、努力で次々と自分の目標を叶えていく素晴らしい女性です。

ところが、まじめで努力家な人ほど、今持っているものよりも現在足りていない部分に意識が向いてしまいます。せっかく頑張っても次から次に足りない部分に目が行ってしまうと、どれだけ手に入れても幸せを追いかけ続けなくてはいけません。

私たちが物質的な成功で手に入れられる高揚感は、全て期間限定のものです。ワークアウトした美しい身体も、食べれば太り、努力を続けてもいずれ老いていきます。外的な要因で一喜一憂してはいけません。

ヨガ・スートラには、「ヨガとは心の働きを止めることである」（ヨガ・スートラ1章2節）と書かれていますが、これは決して無感情を目指すわけではありません。

良いことがあれば嬉しいと感じ、悲しいことに胸を痛めることは、私たちの心の正常な働きです。しかし、嬉しいことに必要以上に執着や依存をせず、悲しいことがあってもその感情に支配されないことが大切です。

そのためには、常に客観的に自身の心を観察できるようになる必要があります。悪いことがあったとしても、純粋な自分の本質は全く汚されていないことを知れば、そこに心を奪われることはありません。

ヨガで見つける本当の自分とは？

「本当の私」とは何か？　考えてみましょう

まず思い浮かぶのは自分の名前です。

私は「由香」という名前を持っていますが、これは生まれてから両親に頂いたもので、家族との関係性から得たものです。

「由香」という名前は、その名前を呼ぶ相手がいて初めて意味を持ちます。親しい家族や友人は「由香」と呼びますし、仕事上の関係性ならば「永井さん」と苗字で呼ぶでしょう。名前は、相手がいる前提で認識するものであり、自分自身の本質ではありません。

同じように、「子ども」「母親」「社員」「先輩」「後輩」「顧客」「先生」「日本人」など、社会性の中で私に与えられた立場は、一緒にいる相手によって変わるものです。これらの社会的な立場から与えられた「私」は全て本当の私ではありません。

名前の次に「私」と認識しやすいのは「私たちの身体」です。

多くの人は自分の身体をコントロールしていると思っています。しかし、実際の身体は私のいうことを聞いてくれません。

病気になって充分に動けなくなったり、痛みが出たり、思うように運動ができなかったり、大切なときに睡魔に襲われて頑張れなかったりすることもあります。さらには、事故などで身体の一部を失うこともあります。腕などの一部を切断してしまった場合、その腕は「自分」なのでしょうか？

自分自身のいうことを聞いてくれないものを、自分自身と呼べるのでしょうか？

ヨガ哲学の考え方では、「いいえ」です。そう考えると、身体も本当の私と呼ぶのは難しいでしょう。

さらに多くの人は、「心」が自分自身だと考えています。しかし、ヨガ哲学では「心」

さえ「自分の本質」ではありません。

私たちの心、思考の動きは、周りの環境によって大きく左右されます。また、非常にコントロールが難しく、怠けたり、何かに執着したり、悲しんだりと、望んでいない働きをしてしまいます。「運動をしよう」と決心しても、面倒くさいと感じてサボってしまったり、「周りの人に親切にしよう」と決心しても、つい感情的に接してしまったりすることもあります。心の動きでさえ、私のいうことを聞いてくれないものなのです。

では、身体や心をコントロールしようと思っている「私」とは誰なのでしょうか？

ヨガ・スートラに、「そのとき（心の動きが止まったとき）傍観者（真我）は本来の状態になる」（ヨガ・スートラ1章3節）という一節があります。

この傍観者というのが、私たちの本来の姿です。傍観者であるプルシャ（真我）が本来の私たちの本質です。

では、傍観者（プルシャ・真我）とは何なのでしょうか？
すごく簡単な言葉でいうと魂のようなものです。

私たちの本質であるプルシャ（真我）は、完全に純粋な存在で、常に静かで穏やかな至福の状態でいます。私たちが自分と意識しているものの内側に存在しています。思考や身体が忙しく動いていても、プルシャは動きません。

私たちが「自分自身」だと思っている身体や心は、神の宿るお寺のようなものです。
神はお寺に一時期滞在し、人々はお寺の中の像を神として祈ります。しかし、お寺も神の姿の彫刻も神ではありません。

私たちの本質であるプルシャ（真我）は肉体に滞在し、心と結びつきますが、一時的に滞在しているだけです。現在滞在している肉体が死を迎えても、新しい身体に宿ります。

本当の私は見えにくい存在

では、どうして私たちは、本来の自分の存在を感じることができないのでしょうか？

私たちのプルシャ（真我）は湖の底のようなものです。不摂生をして体を快適な状態に保っていなかったり、思考が鈍ったりしている状態では、水が濁っていて湖の底まで見えません。

この濁っている状態をタマス（鈍質）と呼びます。食べ過ぎ、運動不足、寝不足などで身体が鈍っていたり、怠け心やアルコールなどで思考が鈍ったりしている状態です。

また、湖の水質が濁っていなくても、水の流れがあったり、波紋があったりすると奥まで見えません。この状態をラジャス（激質）と呼びます。アクティブに行動し過ぎたり、感情的になり過ぎたりしている状態です。思考の動きも活発になり過ぎて、冷静に自分自身を見つめることができません。

私たちが自分の本質を見るためには、心と体を純粋な状態に保ち、心の動きを鎮める必要があります。

その純粋な状態をサットヴァ（純質）と呼びます。
それは透き通った水のようなものであり、水が透き通っていると底辺も見えてきます。
（※サットヴァ（純質）、ラジャス（激質）、タマス（鈍質）については第四章で詳しく解説します）

ヨガでは自分の本質を知ることを目標にするため、私たちは心も体も汚れないサットヴァ（純質）な状態に保つ努力をしなければなりません。

自分の本質が見えると心が楽になる

どうして私たちは自分の本質を見なくてはいけないのでしょうか。

私たちの本質であるプルシャは、行動を起こさなければ、思考を持ちません。常に安定して停止し、幸せな状態にいます。

私たちが「喜び」「苦しみ」「快楽」「怒り」「悲しみ」などの感情を感じるのは、プルシャ（真我）と結びついたプラクリティ（物質原理）の作り出した物質世界を見ているからです。

プルシャ（真我・魂）はプラクリティ（物質）に含まれる心の働きを通して、「自分」と「その他」を区別して見るようになり、物質世界でのあらゆる出来事を観察します。実際に行動を生み出すのはプラクリティ（物質原理）であるため、プルシャは観察しているだけです。それが、ヨガ・スートラでプルシャ（真我）を傍観者と呼ぶ理由です。

つまり、私たちが世の中の出来事に一喜一憂していても、本当の自分の本質は何も変わらずに存在しているのです。

ヨガの知恵を学んでプラクリティを理解した人、または、ヨガの練習（ポーズ・呼吸・瞑想など）を継続的に学び、自分の内側の安定した本質を感じる経験をした人は、何が起こっても感情的になりすぎません。

イメージは映画を見ているような感覚です。プルシャの存在に気がつくと、客観的に自分自身を観察できるようになります。トラブルが起きたとしても、冷静に客観視して、その後の展開を予想したり、対処法を考えられたりするようになります。

もちろん、感情を否定するわけではありません。悲しい出来事が起こったときなどは、当然感情が沸き上がることもあるでしょう。それは人にとって自然なことです。

しかし、プルシャの存在に気がつくと、感情の渦に支配されそうになったときも、冷静さを取り戻せるようになります。なぜなら、外で起こっている事柄と同様に、自身の思考や感情の動きも客観的に観察できるようになるからです。

嬉しいことが起きたときには素直な純粋さで喜び、思いもよらなかったようなことが起きても冷静でいられると、生きていることがとても楽になります。また、悲しさや悔しさだけでなく、たとえ嬉しさといったプラスの感情であっても、そこに執着しすぎないことが心を軽くするコツです。

嬉しいことも、悲しいことも平等に受け入れる心の余裕が人生を快適にしてくれます。同時に、心の状態だけでなく現実的にも人生がスムーズに進むようになります。

ヨガを学ぶと、トラブルが起きたときなどでも、必要でない不安や悩みに心を囚われなくなります。すると、冷静に対応できるようになるので、本当にやりたいことに自分の思考や行動を向けるようになります。

結果、思考を変えたことで自然と自身の行動が変わり、良い結果が起こるようになります。

心が変わったことによって、行動が変わり、人生が変わる。決してスピリチュアルな言葉ではなく、シンプルで分かりやすい世の中の仕組みです。

悟りを得ることがヨガのゴールではない

インドでヨガを学び始めたとき、周囲には「悟り」や「サマーディ（三昧）」と呼ばれるものを求める人が多くいました。三昧に関しては第二章で改めて詳しく説明しますが、ヨガの瞑想によって到達できる特別な精神状態のことです。そこに至った人は、溢れるような光を感じるなど、何らかの神秘体験をします。

しかし、私の先生は終始「サマーディがゴールではない」と言っていました。

私自身そうだったのですが、ヨガの勉強を一生懸命おこない、ヨガ哲学の宇宙観を学び、少しだけでも三昧と呼ばれる状態を体験する機会があると、まるで自分が世界を理解したと勘違いしてしまうことがあります。しかし、残念ながらサマーディはゴールではなく通過点です。

ヨガとは、人生を変えるための強力なメソッドですが、依存性もとても強いです。没頭してしまうほど、ヨガの成功への執着が強くなってしまいます。ヨガの成功への執着が、最も成功を妨げるものだと理解できるまでは、ヨガへの執着で悩む人もいます。

ヨガの成功は、ヨガの修業だけで至れるものではないと私に教えてくれたのは、グルマー（先生の奥様）でした。

先生の一家はバガヴァッド・ギーターへの知識も深い、理想的な家庭だったのですが、特にグルマーはギーターの中に書かれたカルマ・ヨガ（仕事の実践を通したヨガのこと。第四章で詳しく説明します）の最高の実践者でした。

バガヴァッド・ギーターの中では、自分に与えられた義務（ダルマ）を神様への祈りのように行うことをカルマ・ヨガ（行為のヨガ）と呼びます。グルマーは、家族に温かくて美味しい食事を提供するという彼女の義務（ダルマ）を心から楽しんでいました。

私にとってはグルマーの作る料理がインドで一番美味しいです。特別な哲学などを勉強しなくとも、彼女の人生は教典に書かれた理想的な生き方そのものです。幸せな生き方ができるのならば、特別なことは何もしなくて良いのだと思います。私にとっては最も尊敬できる女性のひとりです。

ヨガを通して自分自身の生き方を見つける人もいますし、ヨガに出会わなくても充分幸せに自分の生き方を見つけることができる人もいます。

ヨガは目的ではなくて、ツール（手段）でしかありません。

自分の人生の目的や、自分自身の軸となるものを見つけることができれば、それはどんな方法でも良いと思います。その一つの道として、ヨガ的な思考がヒントになればと思っています。

~ひと息コラム~

ヨガと宗教の違い~ヨガの神様は自分自身~

ヨガ哲学を教えていていると「ヨガは宗教ですか?」と聞かれることがあります。確かに、宗教的なヨガの流派もたくさんありますが、私の先生はヨガと宗教は別物だと説きます。違う部分をいくつかご紹介します。

① 生まれたときに決まる宗教と、自分で始めるヨガ

日本で暮らしていると実感しにくいですが、多くの国の人にとって宗教とは生まれたときにすでに決まっていて、手放せないものです。それに対してヨガは、宗教に関係なく誰でも始めることができます。

ヨガの聖地リシケーシュのアシュラム(住み込み道場)The Living Life SocietyT(通称シヴァナーンダ・アシュラム)に行くと、礼拝堂に聖マリヤやブッタなど、さまざまな宗教の絵が飾られています。宗教に関係なく、ヨガの教えが必要な人は誰でも、世界中どこからでも受け入れる場所です。

② 聖地や偶像の有無

多くの宗教では、神社仏閣や聖地などが定められています。または、特定の神や聖者の偶像を祀っています。ヨガでも有名な聖者がいた場所にお寺が建つことがありますが、共通した聖地はありません。

③ 「他力本願」と「自力本願」

多くの宗教では、神など信仰の対象に救いを求めますが、ヨガにおいての神は悟りへの道を与えてくれる先生的な存在です。ヨガでは、祈れば神が救ってくれるわけではありません。自分の人生を変えたければ、自分の努力でしか変わらないと考えるのがヨガです。

自分で努力して人生を変えることは難しいことですが、そこで心の支えになってくれるのがグル（師）の存在です。先に道を歩んだ師が背中で教えてくれるのは、日本の古くからの考え方にも似ている気がしますね。

宗教にもヨガにもさまざまな宗派があるため、一括りにはできませんし、正しい正解もありません。しかし、このように考えを深めてみると、自分がどのようなヨガを求めているのかを改めて認識することができます。

自分にとって、ヨガとは何なのか？

皆さんも考えてみましょう。

第二章

瞑想って何が良いの？

〜ヨガ的な瞑想を知り、実践してみよう〜

心のリセットボタン・瞑想の大切さ

ヨガの実践の中では、瞑想が最も重要です。現代のヨガではアーサナ（ポーズ）のイメージが強いですが、古代の教典ではアーサナ（ポーズ）についてはあまり触れられておらず、もっぱら瞑想や心のコントロールについて説明されています。

本書では、誰でも瞑想の効果を理解できるように、できるだけシンプルに、ハードルを低くして瞑想について説明したいと思います。

最初に、なぜ瞑想が必要なのかを説明します。

私の先生が瞑想について語るとき、それはポーズ（休止）であると説きます。パソコンに例えた説明が分かりやすいので、まずそちらで理解してみましょう。

毎日パソコンの電源を切らずに、全てのアプリを起動させたままで使い続けたらどうでしょう。すぐに動作が重くなりますし、場合によってはフリーズしてしまいます。

パソコンと同じように、私たちの思考や脳、心も、毎日動かし続けていると働きが鈍くなったり、ときにはフリーズ状態のように動かなくなったりしてしまいます。

パソコンであれば、フリーズしても強制終了や再起動を実行すれば再び動き出しますが、私たちの思考や脳は、簡単に強制終了や再起動ができるわけではありません。

思考や脳、心にも、適切なリセット方法が必要です。

一般的には睡眠が脳のリセット時間にあたりますが、脳を休めるには、ただ睡眠をとっていれば充分なわけではありません。

毎朝、目覚めたときに頭がスッキリと爽快である人は、良い睡眠がとれていて、脳のリセットもできていると思います。しかし、夜寝る直前までスマートフォンを見ていたり、考え事をしていたりすると、寝ても疲れがとれていないことがあります。

寝ても疲れが取れていないと感じていたり、平日に睡眠不足が続いていたりして、週末に二度寝や三度寝をしてしまうという人もいるかもしれません。しかし、週末に寝だめをしようと寝過ぎると、かえって頭も体も重たくなってしまう場合があります。

十分な睡眠時間と深い眠りが日常的にとれていれば、思考や脳の疲れもリセットできるでしょう。しかし、多忙な人が多く、多くの情報や電子機器に囲まれている現代社会では、睡眠だけで思考や脳の疲れをリセットすることは、そう簡単なことではありません。

思考や脳、心をリセットすることはとても難しいことです。
そこでおすすめしたいのが、瞑想の実践です。

瞑想は、フリーズしてしまったパソコンを強制終了するように、あらゆる思考を断ち切って再起動してくれます。

日常の中で、心は自動で働き続けます。自分自身が何かを考えようと感じようとしなくても、習慣化されたシステムに従って、勝手に何かを考えたり感じたりしてしまうのです。そのため、体を休ませていても、心だけは休まることなく働き続けています。

働き続ける心を止めるのが瞑想です。

心の働きを止めても、意識は働いています。「考えていないけれどクリアに意識はある」

という特別な状態が、瞑想の状態です。

瞑想とは何をするものなのか

瞑想と言われても、経験がない人は、何をしたらよいのか分からないですよね。

一般的には、「あぐらのような座り方で、目を閉じて座って、とにかく雑念を消すもの」というイメージがあると思います。それも正解ではありますが、実は瞑想も多様であり、正解は一つではありません。


近年では、アメリカを中心に、忙しいビジネスマンの中でも瞑想が注目されています。特に話題になったのはマインドフルネス瞑想です。特定の宗教やスピリチュアル的な事象を信じていなくても、誰でも行うことができる瞑想法です。瞑想の効果を得られるメソッドが広まることで、瞑想の入口が広がっているのは良いことだと思います。

マインドフルネス瞑想では、「今この瞬間」に全ての意識を集中させます。過去へのトラウマや、未来への不安を一旦全て手放し、思考を止めていきます。

具体的には、自然な呼吸に意識を向ける方法があります。今の自分が行っている自然な呼吸に全集中して観察をして、感覚を味わうことで、不要な思考を手放す方法です。

瞑想に慣れていない人にとって、何もせず、思考を止めて座っていることは難しいと思います。なぜなら、私たちの脳には活動を止めるという習慣がないからです。しかし、一旦リセットの方法を覚えると、その効果の大きさに気がつくことができます。

心は自動的に働くもの。それに気づくことが瞑想の第一歩

心を休ませるためには、まずは心が常に働いていることに気がつきましょう。私たちは、「自分が考えている」と思いがちですが、果たしてそれは正しいのでしょうか。

瞑想を行うときに、雑念を止めようとしてみます。しかし、なかなか上手くいきません。慣れていないと、5分もたつと「晩御飯の献立どうしよう」とか「昨日上司が言っ

ていたことの意味がわからないな」などと考え始めてしまいます。それに気がついて思考を止めてみても、またすぐに雑念が生まれてきます。

このことからも、私たちの思考は勝手に生まれてくるもので、自分自身が意識的に考えているわけではないということがお分かりいただけると思います。

思考は意識的に休ませない限り、勝手に生まれてきて働きます。また、自分が意識した通りに働くのではなく、プログラムされた通りに働いています。それは、肺が呼吸をするように、無意識に行われています。

思考はパターン化されており、変えることは困難です。例えば、優しそうに見える芸能人が実は悪いことをしていたというニュースを一度見ると、似た雰囲気の優しそうな著名人を見ても、「こういう人が裏では悪いことをしているのではないか」という考えが浮かぶようになることがあります。

このような思考をしているとき、本人には悪気はなく、パターン化された思考が勝手に働いていることも多いです。無意識に悪い方向に考えてしまう癖があれば、リセットしたいですね。

さらに、多くの人の思考は、ネガティブに働くようになっています。無意識のうちに、ネガティブな情報に意識が向くようにプログラムされているのです。それは、古くからの人間の本能によるものです。

自然界では、ネガティブな情報に意識が向くことで危険を回避する能力が高まり、生存率が高くなると考えられます。文明社会に生きるようになっても、人間の本能にはこのプログラムが刻まれているのです。しかし、現代の高度に情報化された社会の中では、与えられた情報に対してその都度反応してしまうことが、大きなストレスとなり人を苦しめます。

インターネットが発達する前の社会と比べて、１人の人間が得られる情報量は格段に増えました。そんな情報の海の中で、自分に関係のないネガティブな情報を浴び続けることは、確実に人々を苦しめます。ネガティブな思考は無意識のうちに働いてしまうので、意識的に止める努力が必要です。

瞑想では、一旦すべての思考を休止します。その過程で、自分自身の思考を客観視し、理解が深まります。頭の中で必要なものと不要なものを取捨選択しましょう。

そのための第一歩は、とにかく一度頭の中をリセットして、整頓することです。余裕のない散らかった状態では、自分の思考を理解することができません。瞑想によって、頭の中がすべて白紙になったら、そこから何を取り入れるのかを自分自身で選択できるようになっていきます。

太陽礼拝で瞑想の土台を作る

伝統的にヨガでは、瞑想の前にアーサナと呼ばれるポーズの練習を行います。初心者が座った瞑想から始めようとすると、すごく難しく感じてしまい、5分もすると動きたくなってしまいます。しかし、アーサナと呼ばれるポーズや、呼吸を使った練習を先に行うことで、心と体を瞑想に集中しやすい状態に導くことができます。

そんなヨガのアーサナ（ポーズ）の中でも、最も有名なものが太陽礼拝（スーリヤ・ナマスカーラ）です。太陽礼拝は、いくつかのポーズを組み合わせた一連の動きになっています。ヨガのクラスに行くと、最初に練習することが多いので、ご存知の方も多いでしょう。

まずは、太陽礼拝について説明します。

ヨガで重要視される太陽の力

太陽礼拝はインドの言葉でスーリヤ・ナマスカーラと言いますが、スーリヤというのは古代インドの太陽神の名前です。

インドでは、全てのエネルギーは太陽のエネルギーだと考えます。

これは、実際に世界のエネルギーの流れにも当てはまるかもしれません。太陽が地球上の大地を照らすことによって、地面が温まり気温が調整され、生物が活動するのに適した環境になります。太陽の光によって植物が光合成し、豊かに育った野菜や果物を食べることによって、動物が栄養を取り込んで活力を得ます。太陽の光が海を照らすことによって海の水が蒸発し、気圧の変化によって風が起きます。空まで上昇した水分は雲となり、いずれ雨や雪として地上に降りてきます。

こうした世界のあらゆる動きを太陽の恩恵だと考えた古代インドの人たちは、そのエネルギーを自分たちの体内にも見出しました。

ヨガでは、胃腸で食べ物を消化する力をアグニ（炎）と呼び、アグニの力を重要視します。食べ物を食べた後にしっかりと吸収することができないと、未消化物となり残り、それが毒素となり体内を汚します。ヨガでは清浄さを重要視するため、未消化の毒素は取り除かなくてはいけません。そのため、ヨガのポーズの練習では、腹部をダイナミックに動かすものが多く、それによって腹部のアグニ（炎）の力を高めるのです。

太陽礼拝をやってみよう

太陽のエネルギーを取り込むのにおすすめの方法がヨガの太陽礼拝です。
太陽礼拝にはいくつもの作法がありますが、今回は代表的な12のポーズを行う方法をご紹介します。

太陽礼拝は必ず呼吸に合わせながら行います。胸をダイナミックに動かしながら行うことで、循環器の働きを向上させるだけでなく、免疫力を整え、感染症や病気と戦う力を養うと考えられています。

また、多くの人が精神的な効果も感じます。気分の沈みや不安症で悩んでいる人も、毎朝の太陽礼拝によって心が軽くなったり、思考がクリアになったりすると感じる人が多いです。

では、実際にポーズをとってみましょう。

【実践】太陽礼拝の12ポーズ

1：ナマスカーラーサナ

真っ直ぐ立ちます。背筋を伸ばし、頭頂からつま先まで一直線にし、両手を胸で合掌します。

2：ウールドヴァハスターサナ

息を吸いながら、両手を天井に向け上げていき、全体を弓のように反らします。

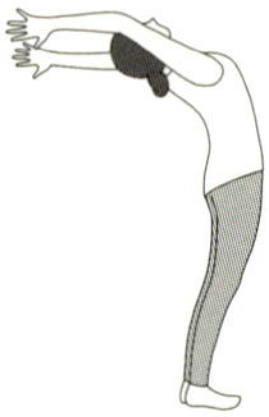

3：ウッターナーサナ

息を吐きながら両手を地面に下ろし前屈します。床に手を下ろすのが難しければ、すねに手を置きます。

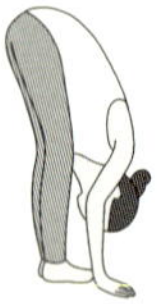

4：アシュワサンチャラナーサナ

息を吸いながら、右足を後ろに伸ばします。両手は左足の左右に置きます。

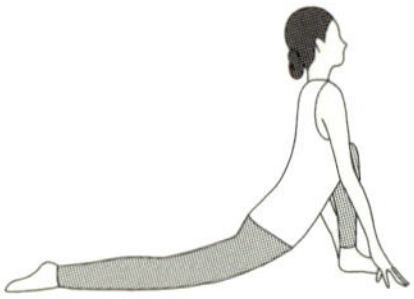

5：クンバカーサナ

腹筋に力をいれ、真っ直ぐにプランクのポーズを行います。

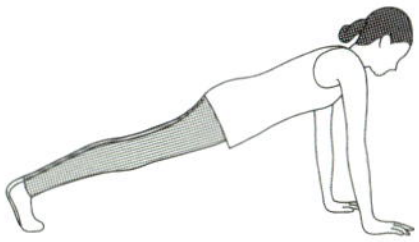

6：アシュタンガナマスカーラーサナ

息を吐きながら胸、顎と膝を下ろします。

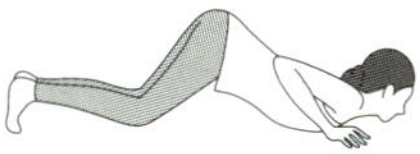

7：ブジャンガーサナ

息を吸いながら状態を前方にスライドし、両手で床を押しながら胸を反らします。

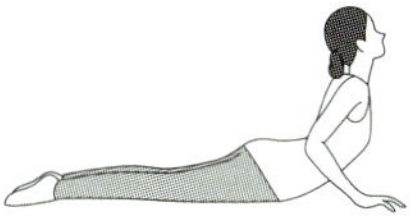

8：アドームカシュヴァーナーサナ

息を吐きながら両手の平と足で床を強く押し、臀部を高く持ち上げます。

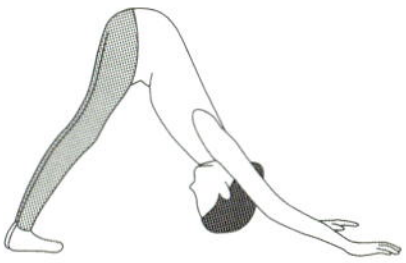

9：アシュワサンチャラナーサナ

息を吸いながら、右足を両手の間にもってきます。

10：ウッターナーサナ

息を吐きながら左足を右足に揃え、両手を地面に下ろし前屈します。

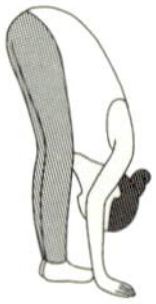

11：ウールドヴァハスターサナ

息を吸いながら、両手を天井に向け上げていき、全体を弓のように反らします。

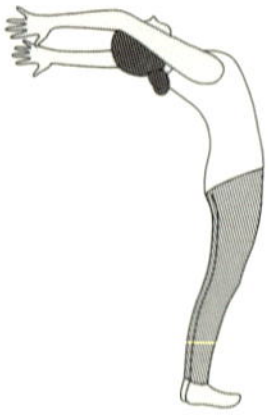

12：ナマスカーラーサナ

両手を胸元にもってきて合掌します。

この12のポーズを呼吸に合わせながら行うことで、体と心の中の不純な詰まりものが取れる感覚があると思います。呼吸も深くスムーズで穏やかになりますし、体の違和感が消え、瞑想を行うのに最適な状態に導くことができます。

太陽礼拝は朝に行うのがおすすめです。3～4回程度繰り返しやってみましょう。

通常は太陽礼拝の後にさまざまなポーズの練習を組み合わせますが、太陽礼拝だけを行っても、1日の始まりがとても爽快に感じられると思います。

瞑想の入口は外の世界と自分を切り離すこと

ヨガの瞑想の入口段階に、プラティヤハーラ（制感）というものがあります。ヨガをやっていない人にとっては聞きなれない言葉かもしれません。

プラティヤハーラは「感覚の制御」と訳されますが、心と感覚器官のつながりを遮断するものです。つまり、音、香り、気温や光を感じなくなり、意識が完全に外に向かなくなった状態を意味します。

ヨガにおいて大切なのは、自分の本質以外を手放していくことです。意識が自分以外の対象物に向いているときは、自分自身を知ることはできません。だから、外への意識を手放すことが必要になります。

自分を知るためのヨガの瞑想の第一歩は、感覚を制御して、意識の方向性を自分の外側から自分自身へと向けることです。その矢印の方向を変えることがプラティヤハーラです。

感覚を制御すると言いますが、実際に感覚器官が働かなくなるわけではありません。目は光を受け取りますし、耳は音を受け取っています。しかし、感覚器官で受け取った情報が、心または脳に結びつかなくなっている状態です。

その状態を、ヨガでは亀に例えます。

亀が手足や頭、尻尾を甲羅の中に隠すと、外からどんな敵が襲ってきても安全です。同様に、ヨガのプラティヤハーラ状態においては、外でどんな騒音が鳴っていても、暑くても寒くても、瞑想者はそれらを感じることなく瞑想に没頭することができます。

なかなか想像がつきにくいかもしれませんが、子供が何かに集中しているところを思い浮かべると、分かりやすいかもしれません。テレビゲームなどに没頭しているときには、集中しすぎて母親に呼ばれても聞こえていないことがあります。本人は母親を無視したつもりはなく、本当に聞こえない状態なのです。

ヨガでは、自分の内側への意識を高めることでプラティヤハーラを実現します。多くの人は、かなり努力をしないと到達できませんが、瞑想や練習を積んでいけば少しずつ体感できるでしょう。

例えば、ヨガのクラスでポーズを行っているときに、あまりに集中していると、他の生徒が次のポーズに移っていることに気がつかないことがあります。また、シャバアーサナ（※屍のポーズ。仰向けに横たわった完全弛緩のポーズ）のときに、先生のガイドがいつの間にか聞こえなくなっている経験をしたという人もいます。

無理やりに「外の音を聞かない！」と努力してもなかなか叶いませんが、ヨガで体と呼吸への意識を深めていくことで、自然とプラティヤハーラが起こるようになります。

これがスムーズにできるようになってくると、心が研ぎ澄まされていく感覚を実感できるでしょう。自分自身にとって不要な情報を断ち、高い集中力が身につきます。

初心者でも大丈夫！ヨガ的瞑想のテクニックをやってみよう

キャンドルを見つめるトラータカで感情の浄化

実際にいくつか瞑想の実践テクニックをやってみましょう。まず、気軽に瞑想状態と効果を体験できるテクニック「トラータカ」をご紹介します。

トラータカは、一点を集中して見つめるテクニックです。

代表的なものに、キャンドル、夕焼け、朝焼けなどを見つめる方法があります。また、自分の心の中のイメージに集中する方法もありますが、少し難しいので実際に目で何かを見る方法がオススメです。

ハタヨガの教典では、トラータカは体内の不純正を消す浄化法の一つとして紹介されています。この方法は、目に関する病気と怠惰性を消し去ると言われていますが、多くの人は、感情の浄化といった効果を実感します。

トラータカを行うと、初心者は涙が流れ続けます。大人になると、なかなか素直に涙を流す機会は少なくなりますが、涙によって自然と感情が洗われているのかもしれません。

特に、モヤモヤが溜まっていたり、ストレスが積み重なりすぎていたりして、心の整理ができないときには大きな効果を感じます。直接的に感情に働きかけるアプローチは行いませんが、終わった後に、驚くほど心の中が明るく晴れやかになっているのを感じられる人が多いです。

また、睡眠の質も大きく変わります。忙しい人は、夜まで交感神経が高まっていて、睡眠をとっても疲れが抜けないことが多いと思います。そんなときは、10分睡眠時間を削ってトラータカを行うことで、緊張感が抜けて、深く心地よい睡眠を体感できます。

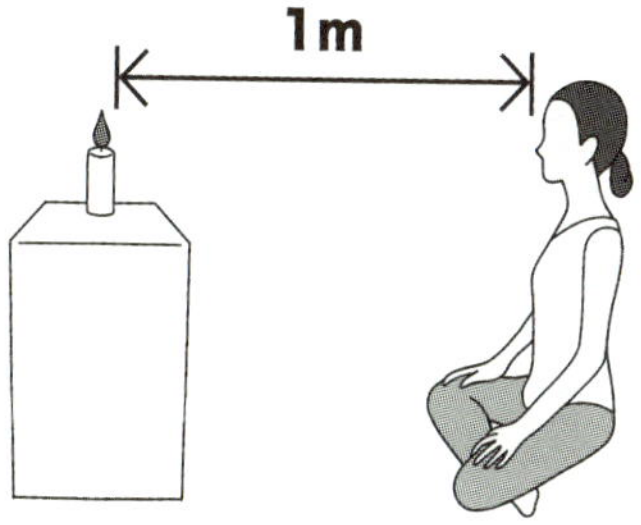

1：練習にはキャンドルを用意します。
アロマキャンドルなどではなく、シンプルな縦長のキャンドルがおすすめです。

2：地面に座っても、椅子に座っても大丈夫です。
キャンドルを自分から約1メートル離れた場所におきます。
高さは自分の目線の高さにします。

3：キャンドルに火を灯したら、安定して快適な座り方で、
できるだけ長い時間まばたきをしないでキャンドルの火一点を見つめます。

4：目が痛くなってきたら、少しだけ瞼を下げて休み、
痛みが引いたらまたキャンドルの火を見つめます。

5：10分間キャンドルを見つめた後は、火を消して、
そのままの姿勢で瞼を閉じ、数分間静かに座ります。
先ほどまで見ていたキャンドルの炎の残影が、
まぶたの奥にハッキリと見えると思います。

6：その静かな炎の光を楽しんだら、ゆっくりと目を開き、
深呼吸をして、トラータカを終わります。

慣れていないと、最初は2～3分でも目が痛くて開けていられませんが、毎日練習していると10分間でもほとんどまばたきせずに見つめられるようになってきます。流れる涙は、よほど邪魔にならない限りぬぐわずに流しっぱなしにしましょう。慣れてくると、涙もあまり出なくなります。

トラータカの練習は、ほんの15分もあれば可能です。オススメは、夜寝る直前の時間です。その日に抱え込んださまざまな感情は、その日のうちにすっきりとして眠りを迎えましょう。とても簡単な方法なのに効果が高いので、強くおすすめします。

呼吸と心はつながっている

瞑想で大切なのが呼吸です。呼吸瞑想の実践に入る前に、呼吸について解説していきます。少し長くなりますが、非常に大切な部分ですのでお付き合いください。

教典ハタヨガ・プラディーピカでは、「気（プラーナ）が動くと思考が動く。気が動かないと思考も動かない。（ハタヨガ・プラディーピカ2章2節）」と書かれています。

プラーナーヤーマ（調気法）と呼ばれる一連の練習は、呼吸をコントロールすることで心の働きを穏やかにする練習法です。ヨガ・スートラの中では、「プラーナーヤーマの実践により、心の輝きを隠していた煩悩が消える」（ヨガ・スートラ2章53節）と書かれています。

野球選手がバッターボックスに立ったときなどに、緊張を和らげるために深呼吸をすることがあります。呼吸を整えることで精神状態も落ち着き、冷静さを取り戻すことができるからです。

スポーツ選手だけでなく、ビジネスのシーンや、あらゆる冷静さの必要な場面でも深呼吸は活用されています。ヨガに関わらず、呼吸と精神状態のつながりは昔から認識されているのです。


他にも、呼吸について考えてみましょう。

ため息とはどのようなものでしょうか。ため息は、精神的に内側でため込んだストレスを、息を一緒に吐き出す行為です。

また、精神が乱れて泣きじゃくっているときには、呼吸が上手くできなくて苦しくなってしまう人もいます。これは過呼吸に近い状態です。精神がコントロールできないときは、呼吸もコントロールを失ってしまうのです。


精神と呼吸は深くつながっているため、精神が乱れると呼吸が乱れます。

そして、その逆も起こります。

呼吸を意識的にコントロールすることで、心をコントロールできるというのがプラーナーヤーマの基本的な考え方です。

ヨガのアーサナ（ポーズ）でも呼吸を意識することが大切

ウエイトリフティングなどの筋肉トレーニングでは、力を入れる瞬間に息を止めて踏ん張ります。一方、ヨガのアーサナの練習では、力を使うポーズでも、呼吸しながら行います。

筋肉トレーニングは、いったん筋組織を破壊してより大きな筋肉を作ることを目的としているため、呼吸を止めて筋肉が緊張している状態を作るほうが効率的です。

ヨガでは筋肉を大きくする必要はなく、しなやかさを大切にします。呼吸が止まるほどの無理をしている状態は、ヨガ的なポーズではありません。呼吸が続けられる状態、つまり筋肉が緊張しすぎていない状態でポーズを行うことが大切です。

身体を快適な状態に保てているか確認するためには、そのポーズの中で深い呼吸ができているかを観察する方法が非常に有効です。

また、深い呼吸は、体内に充分な酸素を取り込み、新陳代謝を促し、身体の状態を整えることにつながります。ヨガの練習の効果を高めるためにも、必ず呼吸を意識しましょう。

月の呼吸と太陽の呼吸でバランスをとる

私たちは、左右の鼻孔で呼吸をしていますが、実は常に両方が働いているわけではなく、片鼻ずつ順番に働いています。どちらの鼻孔がよりスムーズに空気を通すことができるのか、確認してみましょう。

まず、左右の鼻孔を片方ずつ指でふさいで、呼吸がしやすいほうをチェックしてみてください。

左右の鼻孔は、それぞれ違う気道で体内にプラーナ（生命エネルギー）を運びます。どちらの気道を使うかによって、そのときの身体の調子に影響を与えます。

【右の鼻孔】太陽の気道・昼・活動的・交感神経・陽
【左の鼻孔】月の気道・夜・休息・副交感神経・陰

太陽を表す右の鼻孔が優勢のときには、交感神経が働いていて、アクティブな状態です。活動したい時間には、右の鼻での呼吸が活発になっているはずです。

月を表す左の鼻孔が優勢のときには、副交感神経が働いています。精神も肉体もリラックスして、回復を行う状態です。夜寝るときには、左の鼻での呼吸が優勢になっています。

自律神経のバランスが乱れている人は、日中に月の気道が優勢になって眠気に襲われたり、本来心身を休める時間の夜中に、太陽の気道が活発になって目が冴えて休めなかったりと、上手く調子を保てないことがあります。

【左右の呼吸を整えるスワラ・ヨガ】

左右の気道をコントロールして、生活のリズムを整えるのがスワラ・ヨガと呼ばれるテクニックです。

プラーナーヤーマ（呼吸法の実践）で整えることもできますが、一番簡単なのは圧迫の方法です。活発にしたい鼻と反対側の脇下を圧迫することで、圧迫されていない側の鼻孔が開きます。伝統的にヨガ修行者はスワラ・ヨガを杖などで行っていましたが、特別な道具は必要ありません。

例えば、朝から活動したいのに身体が目を覚まさないときには、右の鼻を開く必要があります。その場合、丸めたタオルなどを左の脇に挟み、左を下にした横向きで5分程度横になっていると、右の鼻孔が開いて呼吸が通りやすくなります。

右の鼻腔が開く

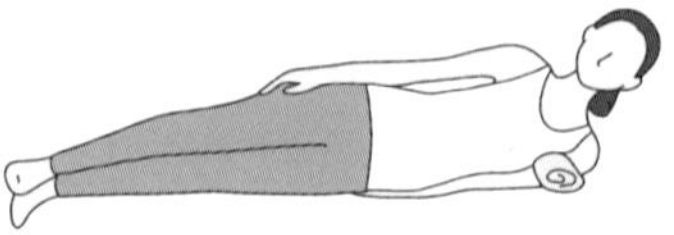

身体を休めたいときには、同じように右の脇を圧迫すれば左の鼻が優勢になります。

ヨガを行うときには、左右の鼻孔が平等に通っている状態が理想的といわれます。太陽が優勢になり過ぎると心の動きも活発になり過ぎてしまいますし、月が優勢になり過ぎるとリラックスし過ぎて集中できません。

ヨガに関わらず、やはり極端に片方に偏り過ぎてしまうのは良くないでしょう。ここぞと頑張らなくてはいけないときにはアクティブさが優勢になる必要がありますが、必ず同じ分量の休養が必要になります。どれだけ忙しい時期でも、睡眠の時間には心を落ちつかせて効率的に回復をはかるようにしましょう。

自分自身を上手くコントロールすることは、自身のライフスタイル全体をコントロールする技術です。そのためには、呼吸を意識し、プラーナ（気）をコントロールすることがとても大切です。

呼吸の音を聞くマントラ瞑想で心を鎮める

では、呼吸瞑想の実践に入っていきましょう。

呼吸を意識する方法として、「呼吸の音」を意識するマントラ瞑想があります。マントラとは純粋な波動をもつ音です。

ここでは基本の”So－Ham（ソー・ハム）“というマントラを使った呼吸瞑想を紹介します。

古代からヨガの修行僧たちは、呼吸に意識を集中させてきました。その中で、良い呼吸を行っているときには、とても微細な音が聞こえることを発見しました。それがソー・ハムです。

So（ソー）：吸う息の音

Ham（ハム）：吐く息の音

この呼吸の音に意識を集中させることで、心を穏やかにすることができます。

【実践】”So‐Ham（ソー・ハム）“のマントラを使った呼吸瞑想

1：蓮華座か、あぐらなど、足をクロスした座り方で床に座ります。背骨がまっすぐになるよう意識しましょう。床に直接座ると痛い、背骨を真っ直ぐにできないという場合は、座布団などを使うと良いでしょう。どうしても床に座ることが難しい人は椅子に座っても良いです。

2：背骨と首と頭が一直線になる座り方をしたら、手を膝に置き、目を軽く閉じ、呼吸に意識を向けていきます。このとき、背中が丸まらないように気をつけましょう。

3：息を吸うときにSo（ソー）と心の中で唱え、吐くときにHam（ハム）と唱えましょう。

4：この呼吸を、最初は5分を目指して行いましょう。呼吸のみに意識を集中させることは、とても難しいですが、”So‐Ham（ソー・ハム）“のマントラを使うことで集中しやすくなります。

瞑想を行うときには、できるだけ自然な呼吸を心がけます。呼吸は細く長い穏やかな呼吸が良いですが、無理やり長くする必要はありません。呼吸に意識を向けているだけで、通常の呼吸よりもゆっくりになってくるはずです。

わざと長くしようとすると、無理をして自然でない呼吸になってしまいますので、自分の呼吸のリズムでマントラを唱えましょう。

瞑想が深まってくると、心の中でマントラを唱えることが窮屈に感じてくるかもしれません。そのときには、無理にソー・ハムと唱えなくても良いです。ただ、意識は常に呼吸に結びつけておいてください。集中が切れてきたら、また心の中でソー・ハムと唱えます。

呼吸への意識が深まるにつれて、自分の心が変化するのを感じることができると思います。呼吸と心のつながりを感じられるようになると、日常生活の中での自分を知る大きな助けとなります。

呼吸のマントラが習慣化すれば、仕事でストレスが溜まったときなど、数分間呼吸を整えることで、リセットできるようになってきます。

マントラ瞑想で音に意識を向ける意義

マントラ瞑想について、少し補足で説明します。
ヨガではアルファベット一文字で書かれたマントラを使用することが多いです。マントラというと、仏教のお経のようなものというイメージが強いですが、必ず意味を持った言葉という訳ではありません。

マントラを唱える上で大切なことは、音のもっている振動です。人の身体を構成する水分も、心の働きも、全て振動によって変化します。そのため、自分をコントロールするためには、マントラの音の振動を使うことがとても有効だとヨガでは考えます。

So-Ham（ソー・ハム）というマントラにも、言葉としての意味はありません。では、これが何かというと、自然な呼吸の音です。

普通の人には呼吸の音を聞くことができません。それは、呼吸の波動はとても微細なものだからです。人間の耳は通常20Hzから20kHzくらいまで聞こえると言われます。

しかし、年齢を重ねるとともに、高音が聞こえなくなってきます。聞こえなくなったとしても、音そのものがなくなったわけではありません。人間以外の動物は、非常に高い音も聞きとることができます。人が認知できなくても、音自体は常に存在しています。

耳で聞くことのできない呼吸の音ですが、心の中で唱えながら呼吸を行うことで、とても穏やかな呼吸で瞑想を行うことができるのです。

ヨガの瞑想で得られる悟りってなに？

悟りの境地サマーディ（三昧）とは

サマーディ（三昧）という言葉をご存じでしょうか。

ヨガでは、瞑想を行うことでサマーディと呼ばれる精神状態に入ると言われています。一般的にはヨガの瞑想の先にあるスピリチュアルな状態で、悟りといった漠然的なイメージで考えられることも多いです。

ヨガの教典であるヨガ・スートラに定義されたサマーディは、もっとシンプルなものです。

「瞑想対象のみが輝いて現れ、あたかも瞑想者の自己意識を消失した境地がサマーディである」（ヨガ・スートラ3章3節）

ヨガ・スートラでは、瞑想状態を三段階で説明します。

ヨガの瞑想は、何か一つの対象に向けて意識を集中させるところから始まります。対象への集中が強まった状態をダーラナ（集中）、ダーラナが深まって途絶えなくなった状態をディヤーナ（静慮）、そして、対象物のみが広がり、瞑想をしている本人が自分自身の存在を忘れてしまった状態がサマーディ（三昧）です。

自我を完全に忘れた状態であれば、それは誰にでも起こり得ます。

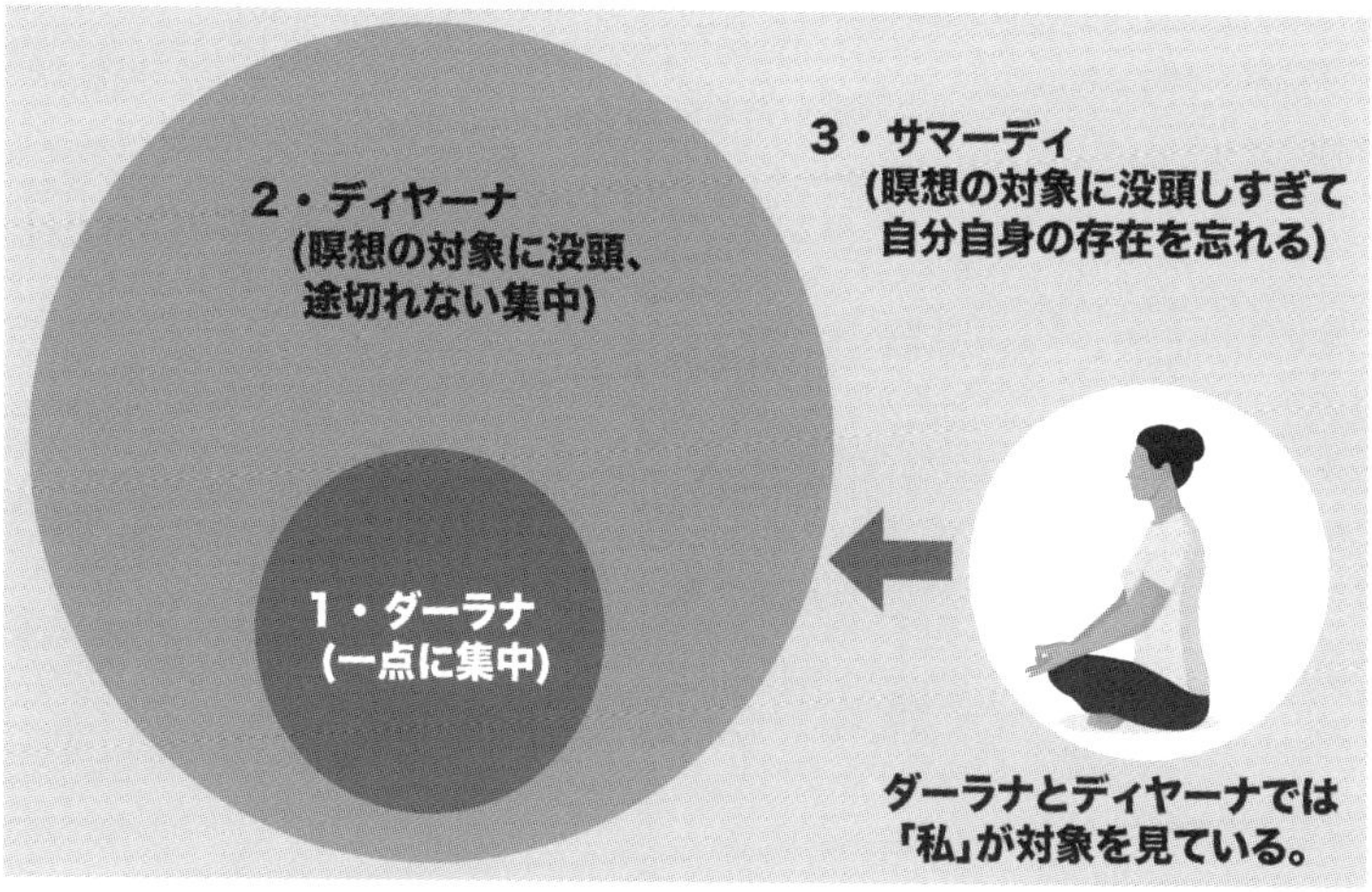
3・サマーディ
(瞑想の対象に没頭しすぎて
自分自身の存在を忘れる)
2・ディヤーナ
(瞑想の対象に没頭、
途切れない集中)
1・ダーラナ
(一点に集中)
ダーラナとディヤーナでは
「私」が対象を見ている。

例えば、蓮の花に向けて瞑想を行っているとき、最初は一つの蓮の花に必死で意識を結びつけ、他の雑念が生まれないようにします。その集中状態が高まると、頭の中が蓮の花で完全に満たされ、それ以外のあらゆるものが浮かんでこなくなります。これが、ダーラナ（集中）の状態です。

人によっては、一つの蓮の花だけでなく、蓮の葉が沼の水に触れる感覚、水分を吸収して水々しく輝く感覚と、イメージが大きく膨らんでいくかもしれません。

完全に没頭しているとき、その対象に関するイメージは膨らみますが、他のものは何も生まれなくなります。対象に完全に没頭し、集中が途切れない状態がディヤーナ（静慮）です。そして、ここまでは「私」という主人公が蓮の花を見ている状態でしたが、瞑想が深まることにより「私」を忘れてしまいます。それがサマーディ（三昧）です。

それは言葉で説明するよりも、ずっと素晴らしい体験です。純粋な蓮の花そのものになってしまったとき、その純粋な美しさに驚愕するかもしれません。呼吸の流れと自分が一体になれば、溢れる生命エネルギーの流れに感動するはずです。

どんな対象に向けて瞑想を行うのかによって、初期のサマーディの経験は変わってきます。できるだけ自分が興味を持ち、集中しやすく、純粋なエネルギーを持った対象を選ぶようにしましょう。

サマーディ状態に入るためには、あらゆる雑念を消していく必要があります。なぜなら、思考というのは、自分自身の色眼鏡そのものだからです。

例えば、呼吸に対して瞑想を行っているとします。そのときに「今の呼吸は長かった。だけど、スムーズじゃなかった」と考えが湧いてくるとします。それは、「呼吸は長い方がいい。途中で詰まらずにスムーズであるべき」という、自分の価値観によって生まれる思考です。

ヨガの呼吸は、できるだけゆっくりでスムーズであるべきですが、瞑想の途中でジャッジを行ってしまうと、それが瞑想の妨げになります。

本当の意味で、あるがままを受け入れるというのは簡単ではありません。「良い・悪い」という自分基準を手放し、ただ瞑想の対象を観察することによって、サマーディは近づいてきます。

瞑想の対象物が残っている状態のサマーディを、有種子三昧（種の残っているサマーディ）と呼びます。この有種子三昧の状態を続けていくと、最終的にはあらゆる心の種が消え去った無種子三昧が訪れます。

サマーディに到達すると超能力が発揮できる？

急に怪しい見出しですが、ヨガの世界では超自然的な能力について語られることも多いです。それらを無視してしまうと、実際にヨガを学び始めたときに、「なんか怪しい！」と驚かれてしまうかもしれないので、ここでは、客観的にヨガの超能力についてご説明します。

ここまでに書いてきた通り、ヨガの瞑想は、何らかの対象に向けて集中を行うことで、その他の雑念や、瞑想者のエゴを消し去るテクニックです。瞑想の対象物が残っている状態のサマーディでは、不思議なことが起こります。

ヨガの瞑想の結果起こる不思議な体験に関しては、あらゆる教典に書かれていますが、ヨガ・スートラが最も詳細に記しています。

例えば、象のように怪力な猛獣に向けて瞑想を行うと、同様の怪力が発揮できると書かれています。それは瞑想者の自我が消えたとき、「私は人間」「私は女性」などといった思い込みが消えるので、自分の想像を大きく超える怪力を発揮することができるというものです。これは、火事場の馬鹿力に似ていますね。

つまりヨガの瞑想によって、「私は○○だからこの程度の能力しかない」といった思い込みの概念が全て消えます。自分が決めた限界の壁を壊すことによって、あらゆることが可能になります。

ときにそれは、人間の常識を凌駕することがあります。他人の考えていることが分かる、過去や未来が分かるというものもあれば、綿ぼこりのような軽いものに瞑想を行うことで、空中に浮くことができるというものまであります。

インドは占星術でも有名ですが、科学が進歩する前の古代から、かなり正確に星の流れを理解していました。それに関しても、ヨガ・スートラでは、月を対象とすることで全ての星の配置がわかり、北極星を対象とすることで星の運行が分かると説明しています。

これらはヨガを実践した多くの聖者たちが体験した記憶です。自分の常識では考えられないことを「ありえない」と拒否することもできますが、「自分でも試してみて何が起こるのか経験したい」という好奇心も湧いてきませんか？

さて、サマーディ（三昧）に到達した経験はとても驚愕するものであり、多くの人がその魅力に取り憑かれてしまいます。そのため、教典ではしっかりと注意書きがされています。今まで書いたような超常的な体験は、一般の人にとっては超自然能力ですが、ヨガの修行者にとっては障害物です。なぜなら、すごい体験をすると、そこに固執してしまう危険があるからです。

しかし、新しい執着は新しい苦しみの原因となります。

人と違う能力を持っている人がヨガの成功者ではありません。あらゆる苦しみの原因を断つことができた人がヨガの成功を収めた人です。

本来の目的に立ち返ることが大切ですね。

〜ひと息コラム〜

宇宙を表す聖音「オーム」とは？

多くのヨガクラスで「オーム」という言葉を唱えます。

「オーム・シャンティ（オーム・平和）」と唱えるヨガクラスも多いですね。


オームという言葉は古代インドから伝わる聖音です。

現在ではヒンドゥー教の聖音でもあるため、宗教的な音でもあります。

無信仰者や他宗教信仰者は、ヨガのクラスでもオームという言葉を唱えることに抵抗を覚えるかもしれません。特にスポーツクラブなどのヨガクラスでは、宗教的な指導は禁止されていることが多いようです。私自身は、本人が不快であるのならば、無理に唱える必要はないと思っています。


しかし、オームという言葉には、宗教的な信仰を超えた癒しの効果があると思いますので、唱えることに抵抗がない方は体験してもらえると嬉しいです。

インドの宗教に限らず、世界中に類似した言葉があります。例えばキリスト教の「アーメン」、仏教では「南無」という言葉が似ています。

音は振動です。人間の身体の70%は水分でできているため、私たちの身体も音の影響を受けます。正しく発音されたオームは、身体に良い効果を及ぼす振動だと言われています。

オームは「OM」と書かれることが多いですが、正しくはAUMです。これは、全ての音の最初の音A［ア］と、最後の音M［ン］と、その中間のU［ウ］の組み合わせになります。AとUを続けて発音するとO［オー］という音になるため、オーム（OM）と書かれることが多いです。

AUMの3つのアルファベットは、それぞれに次の意味があるとされています。

【A】全ての始まり。誕生。起きている状態。
【U】中間。夢を見る浅い眠り。
【M】全ての終わり。死。深い眠り。

始まり、中間、終わりの3つの要素を全て含む言葉は、宇宙全体を表しているとも考えられます。

私自身も、「A」「U」「M」を意味のないシンプルな音と捉えて実践をしているうちに、純粋な音の振動の効果を実感したのを覚えています。

では、なぜ3回唱えるのでしょうか?

「オーム」とヨガのクラスで唱えるときに「オーム・オーム・オーム」と3回唱えたことはありませんか?

もしくは、「オーム・シャンティ・シャンティ・シャンティ」とシャンティ(平和)を3回続けて唱えるクラスも多いと思います。


インドでは、3という数はとても神聖です。聖音を唱えるときにも、3回または3の倍数の回数唱えることが多いです。


ヨガのクラスの中では、3回唱える理由をさまざまな理由で説明します。

「大地・空間・天に向けて唱える」

「自分に・周りの人に・世界中の人へ」

「自分の外部に・自分の内側に・自分の本質に」


オームもシャンティも、平穏な幸せの祈りの言葉です。3回それぞれを異なる対象に向けて唱えることは素晴らしいと思います。

第三章

日常の悩みを
ヨガ的思考で解決する

第三章では、日常生活の中にあるお悩みについて、インド哲学にもとづいたヨガの考え方からお答えしたいと思います。

本書では、全体的に哲学の考えを噛み砕きながらご紹介していますが、多くの人が抱える具体的な悩みに当てはめることで、ヨガ的な考えを自分の人生に応用するコツもわかってくると思います。

同僚の出世を素直に喜べません

【Q】同僚の出世を素直に喜ぶことができません。どうすればいいでしょうか？

【A】個人より全体を意識した共同体感覚を育てると、自分以外の人の成長であっても、仲間と喜びを共有できやすくなります。そのために、まずは上下でジャッジする思考の癖を手放してみましょう。

梵我一如。自分の成功ではなく全体の利益や幸福を考えてみる

ヨガ哲学の大事な言葉に梵我一如《ぼんがいちにょ》というものがあります。第四章でも説明しますが、これは「one is all, all is one.（ひとりは全て、全てはひとり）」という考え方につながっています。

社会生活の中でも、全体を考えずに「私は、私は」というエゴが強いと、本来争うべきでない人とも競争してしまいます。見方を変えて、同僚は競争相手ではなく仲間だと再認識してみましょう。

近い考え方に、共同体感覚という心理学の有名な言葉があります。これはアドラー心理学の「自分一人よりも、周囲との一体感に意識を向けることで幸福を感じやすくなる」という考え方に基づいており、ヨガの梵我一如の考え方と共通しています。

自分個人の成功を尊重し過ぎると、常に一人で戦わなくてはならず孤独を感じやすくなってしまいますが、全体の幸福に意識をシフトすると、途端に世界の見え方は変わります。

人間は集団で生きる動物です。一人で独立して生命活動を行うことはできません。社会の中、職場や学校、家族などの共同体の中での一体感こそが、人間としての幸福につながります。

表題のお悩みに当てはめてみましょう。

頑張っている仕事で、同僚が自分よりも早く出世したら素直に喜べるでしょうか？

自分自身が満たされているときには素直に祝福できても、自分が満足できていない状況にあると、嫉妬心を抱いたり、自分を認めてくれなかった上司に腹が立ったりすることもあるでしょう。

そんなときは視点を変えて、「全体の喜びは何か？」と考えてみましょう。

会社という共同体で見ると、優秀な人材がいて、会社の成長につながるのであれば、それはとても喜ばしいことです。

また、何か問題があると会社全体の損失となるので、争うのではなく助け合って解決するべきです。しかし、一人一人のエゴが強く、他の人が自分よりも成功しないように邪魔をしたり、ライバルがミスをしたときに自分が優位に立つために責めたりしていては、結局会社全体の損失になってしまいます。そして、会社全体の損失は、所属する個人にとっての損失にもつながります。

会社で働く目的は、その会社の中での自分の立場を上げて、猿山の大将になることではありません。

共同体の成功は自分にとって良いことであると理解し、会社の中で争うよりも、協力して一緒に幸福をつかめるように考え方を変えてみましょう。

上下をジャッジする思考の癖を手放すと楽になる

とは言え、そんな簡単には考え方は変えられませんよね。

共同体感覚を身につけていくために、ある思考の癖を手放すことから始めてみましょう。

手放すべきは、上か下かをジャッジする思考の癖です。

会社などの共同体の中では、質問者の方のように同僚と自分を比べたり、上司と部下という立場で判断したり、つい上か下かでジャッジしがちです。しかし、実際には、組織の中で上か下かは重要ではありません。その共同体の中に自分の役割があり、居場所があり、成功に貢献できたという感覚の方がずっと大切です。

例えば、1つの製品を売る工程にもたくさんの役割があります。営業の人もいれば、商品企画の人も、工場で作業をする職人もいます。さらに、経理や会計の人もいれば、会社によっては食事を提供してくれる人もいるでしょう。誰が欠けても会社の成功はありません。

自分が会社の成功にとって必要な人材なのだと認識できていれば、自分を見失うことはありません。「どう評価されたか」よりも、「自分がするべきことは何か」を考えてみましょう。

能力というのは多種多様です。誰よりも営業成績が高い人もいれば、一方で、誰よりも面倒見が良く後輩を育てるのが得意な人もいます。物静かだけど、地味な雑務を淡々と確実にこなせる人もいれば、いるだけでその場が明るくなるムードメーカーという人もいるでしょう。

自分が周囲に提供できることを考えて、そこを伸ばすことができると、自分の居場所を認識しやすくなります。

そして、自分は求められている人なのだと自覚できれば、不安は弱まってくるはずです。そのためには、上か下かで自分や同僚をジャッジするのではなく、それぞれの長所や特徴によって違う役割があると理解することが大切です。

共同体全体にとって良い行動ができていれば、必ず周囲からも評価も得られます。それが望んだポジションでない場合もありますが、自分が必要とされている自覚が得られたとき、他人への嫉妬も手放せるはずです。

自分に向いている仕事が見つかりません

【Q】安定した仕事には就いていますが、今の仕事が自分に一番向いているものだとも思えません。もっと自分のやりたいことや向いている仕事を探して、そちらに挑戦するべきなのか悩んでいます。

【A】外に答えを求めることをやめて、目の前のことにフォーカスするところから始めましょう。それを続けていると、自分のやるべきことが見えてきます。

私の立場ですと、ヨガの資格をとった人から同じような質問を受けることがとても多いです。「今の仕事を辞めてヨガのインストラクターになっても大丈夫なのか、それとも安定した仕事を続けた方がいいのか」と、頻繁に質問を受けます。

進むべき道に悩んでいるとき、多くの人は答えを外に求めがちです。周囲の人に相談したり、ネットで知った有名人の言葉などを参考したりしながらも、結局決断できない人が多いのではないでしょうか。

自分の進むべき道を見つけたいなら、まず、外からの情報に頼りすぎることはやめましょう。

誰かの意見は、参考にはなるかもしれませんが、あなた自身の考えや動機ではありません。遠回りに感じるかもしれませんが、答えを外に求めるのではなく、目の前にある仕事や生活にフォーカスし直すことをおすすめします。

スワ・ダルマ（自分の役割）は運命的な天職とは限らない

教典バガヴァッド・ギーターの中でクリシュナ神は、「自分に与えられたダルマ（職務）を遂行しなさい」と何度も繰り返し説いています。自分自身に与えられた役割を、インドではスワ・ダルマと呼びます。

「自分に向いている仕事は何なのか」という現代人の悩みは、「スワ・ダルマを見つけたい」という悩みだと言えるでしょう。

しかし、ダルマ（自分の役割）を運命で決められた天職のようなものだと思うと、いつまで経っても見つかりません。

目の前に与えられた小さな役割の積み重ねに向き合うことで、いつの間にか自分の道がはっきりと見えてきます。

ヨガを通して出会う人には、自分の天職が降ってきたと感じる経験をしている人がとても多いです。ヨガの先生になった人はもちろんですが、全く別の職業についていたとしても、「ある日突然降ってきた」と話す人は少なくありません。

身近な人から、そんなドラマティックな話を聞く機会が多いと、自分には天職が分からないと悩み焦ってしまうことも多いでしょう。実際に、私が相談を受けることが多いヨガ業界でも、よく聞くお悩みです。

しかし、降ってくるように現れるものだけが天職ではありません。目の前の地道な仕事を積み重ねる中で、結果的に「自分にはこれが向いていたんだ」と気がつくことも多いのです。

スワ・ダルマ（自分の役割）を知るために目の前のことに向き合う

私が、ヨガの先生から聞いた言葉を紹介しましょう。

「ダルマ（自分の役割）が分からない？　そんなことはない。誰にでもダルマがあるけれど、それに気がついていないだけだ。あるいは、生涯をかけて行うような立派な職業だけがダルマだと勘違いしているのだろう」

ダルマは、収入源になったり人から誉められたりするような仕事だけではありません。私たちが人間として生きていく中で、あらゆる「やるべきこと」の全てがダルマです。まずは、目の前の小さなダルマから見つけましょう。

例えば、ヨガを始めるときは、最初は人から聞いた効果によって興味をもつのが普通です。「腰痛が改善した」「ストレスが軽減した」「ストレスを感じにくくなった」「睡眠の質が良くなった」などの情報をもとに、「自分はやるべきか？」とジャッジをします。何かしらの結果を求めて、そのために始めるという人が多いでしょう。

しかし、ヨガの練習自体が楽しくなると、結果を動機としなくても「ヨガを練習したい」と感じるようになります。最初の動機であった腰痛などの症状がなくなったとしても、「ヨガが好きだから」「ヨガを行っているときの自分が好きだから」という理由で練習を続ける人が多いです。

「○○のために、○○をすべき」という義務や結果を求めた行動ではなく、自然と自分にとって快適なことを楽しんで行えるようになると、それがダルマ（自分が行うべきこと）だと気がつくことができます。

収入につながることでなくても良いのです。子育てを精一杯頑張ることも、快適に生活できるように丁寧に掃除をすることも、自分のためのヨガの練習と勉強を頑張ることも、ヨガ以外でも趣味や勉強に打ち込むことも、全てがダルマの遂行です。

そうやって自分が今やるべきことにフォーカスし、それを毎日コツコツ続けていると、ある日突然大きな役割が与えられるかもしれません。もしくは、何も変わらなくても、自分の生き方に自信がもてるかもしれません。

まずは、今与えられたダルマ（自分の役割）をしっかりと見つめることが大切です。仕事でも、生活の中のルーティーン、趣味や好きなことでも大丈夫です。毎日行っていることに意識を向けると、そこから自分の得意なこと、好きなことが自然と見えてきます。また、ヨガの考え方を知ったりエクササイズをしたりすることで、それらに気づきやすくなることもあるでしょう。

焦らずに、自分に向き合った結果は裏切りません。
自分を知ることで、必ず「これが自分の役割で、やりたいことなのかもしれない」と感じられる道も見えてきます。

SNSで他人と比較してしまい自分に自信がもてません

【Q】SNSで他人の投稿を見ていると、自分の人生を惨めに感じてしまいます。それでもSNSを見ることをやめられません。どうしたらいいのでしょうか。

【A】自分の人生を主観的に楽しむ時間を増やせば、他者と比較し苦しむ心の癖が弱まります。そのためには、次の2段階で物事の捉え方を変えていきましょう。

①相対的評価をやめて、主観的な幸福を探す。
②マインドフルな思考を身につけて、情報過多な状態を作らないようにする。

「惨め」という言葉からも、質問者の方は自己肯定感が低く、それに苦しまれているように思います。

自己肯定感の低い人は、相対的に自分を評価しがちです。自分と他人を比較して、自分の現在地を確認する方法が、思考の癖になってしまっていることが多いです。しかし、他人と比べてばかりいると、人は幸福になれません。外ばかり見る癖を手放して、自分にしっかりと向き合うことが今必要なことです。

他人と比較すると幸せが遠ざかっていくのはなぜ？

では、どうして自分と他人を比べると、幸せになれないのでしょうか。

収入を例に考えてみましょう。

自分の収入が同年代の平均収入より低かったら、多くの人は不安に思うでしょう。しかし、実際にはその年代の収入中央値は、平均収入よりも低くなっています。一部の高収入の人によって平均が上がっているだけで、その年代の半分以上の人は平均収入よりも低い収入しかありません。しかし、多くの人は「自分は平均より下だ」「自分は価値が低いのかもしれない」と不安を覚えてしまうのです。

収入に関して言えば、現在の日本では、全ての年代で平均値と中央値に開きがあります。つまり、全人口の半分以上の人は平均収入以下です。

では、町を歩いている人の半分以上の人が、価値の低い人生を送っているのでしょうか。もちろん、そんなことはありませんよね。当たり前ですが、人の価値は収入によって左右されません。

しかし、「収入」という物差しだけで安易に比較をすることで、そこに苦しみや不安が生まれてしまうのです。

これは収入だけではなく、容姿や名声、立場なども同じです。

本来はそれが不幸に直結するわけではないのに、他人と比較してしまった途端、まるで自分が不幸であるかのように錯覚してしまうのです。

人との比較に意識が向くことで、惨めだと感じたり苦しくなったりするのであれば、意識を向ける方向を変えてみましょう。

比較に左右されない、主観的な幸せを見つけられれば、自分の生き方に満足しやすくなります。

客観的な幸福よりも、主観的幸福を見つける

ヨガでは、人と比べた相対的な評価や、社会的な基準での評価を行いません。客観的な幸福をもとに自分を判断すると、職業などの社会的ステータス、収入、容姿、背格好や外見的魅力など、他者と比較した評価しかできません。

例えば、日本人の多くは、他国の人と比べると十分に豊かです。しかし、自分は幸福だと実感できている割合は低く、幸福度ランキングなどでも、例年日本は下位に位置しています。

幸福度は、国民へのアンケートによって測られる感覚的なものです。生きるのに必要な収入や食べ物、平和な社会を得ていたとしても、自分よりもさらに上の人と比較してしまうと惨めさを感じてしまいます。インターネットやSNSの普及もあると思いますが、つい他人と比較して、幸福を感じられなくなっているのは、現代の日本社会で多くの人が陥っている状況かもしれません。

他者との比較で得られる幸福というのは、相対的に判断されるものです。
ヨガの教典では、それを「物質的な幸福」だと考えます。

「感覚器官の対象から生まれる快楽は、俗世的な人にとっては幸福に見えるが、惨めさを生むものである」（バガヴァッド・ギータ15章22節）

物質的な幸福は、目で見たり人から聞いたりして相対的に人と比較できるものであり、収入や容姿など、他人と比較して得られる幸せです。何かをひとつ手に入れれば、「次はあれがほしい。もっとほしい」と際限なく続き、やがて苦しみを産みます。

それに対してヨガでは、すでに与えられたものに気がついて感謝することで幸福感を得ます。それは主観的な幸福です。

主観的な幸福のカギはマインドフルネス

主観的幸福は、マインドフルネスな状態で得られます。

マインドフルネスとは、その瞬間の感覚に意識をしっかりと向けることです。

例えば、食事を食べているときには、食事を味わうことに集中します。テレビやスマートフォンを見ながらだと、美味しいご飯を食べていても充分に味や満足を感じることができません。

コーヒーが好きであれば、一杯のコーヒーを淹れることをじっくりと味わってみましょう。コーヒーをドリップしているときに部屋に広がる香りは格別です。

外に散歩に出たら、肌に触れる風を感じたり、小鳥のさえずりに意識を向けたりしてみましょう。何か特別なことをする必要はありません。目の前に与えられたものにしっかりと意識を向けるだけで、世界はとても平和で美しいものです。

そうやって、ＳＮＳや画面の中にあふれている情報ではなく、自分の日常生活の中にある小さな幸福に意識的に目を向けてみましょう。それをじっくりと味わい、楽しむことを続けていくと、マインドフルな状態に入りやすくなっていきます。

過度な情報と物理的に距離をとり、主観的な幸福を探してみよう

マインドフルな時間を楽しむためには、一旦外からの情報を物理的に遮断することをお勧めします。

ＳＮＳに依存している場合、一時でもスマートフォンを手放すことが不安になっている方が多いですが、依存を手放すためには物理的なアプローチも必要です。

例えば､夜寝る前の1時間はスマートフォンを触らないというルールを決めます。「寝室にスマートフォンを持ち込まない」などのマイルールを決めても良いでしょう。または、朝に1時間ウォーキングをする、仕事帰りにジムに行くなどの習慣がある人は、その時間にはスマートフォンは持ち歩かないなどのルールを設けるのもいいでしょう。

手元にあれば「ＳＮＳを見ない」と決めていても、つい気になってしまうことが多いので、物理的に離れた場所に置いておくことをお勧めします。

情報がすぐに得られないことに最初は不安を感じる人もいると思いますが、思考の習慣は必ず変わってきます。ＳＮＳから得られる刺激の強い情報ではなく、自分の目の前のリアルな世界に意識が向くことで、不安感が減ってくるはずです。

また、何か素敵なことを見つけたときにも、ＳＮＳに投稿する必要はありません。それを提供してくれた人、その場で一緒に喜びを共有した人に、直接言葉で伝えましょう。例えば、美味しい料理をいただいたときには、作ってくれた人や、お勧めしてくれた人に「美味しかったです」「教えてくれてありがとう」と、感謝の言葉を伝えてみましょう。目の前の人に感謝を伝える習慣が身につけば、周囲の人からも同様に気持ちや言葉を伝えてもらいやすくなります。目の前の人からの「ありがとう」の一言は、ＳＮＳで１００人からイイね！をもらうより、リアルな幸せを実感できます。

目の前の人と共有する体験が増えれば、スマートフォンの画面の中での刺激が色褪せて感じられてくるはずです。
また、言葉にして表現することで、自分が何に喜びを感じたのかをより強く実感することができるでしょう。それを続けることで、目の前の小さな幸福にも気づきやすくなっていきます。

スマートフォンやSNSの中の体感をともなわない情報ではなく、五感で感じ取れる情報や体験から、本当に自分が好きなものを見つけられるといいですね。

自分が好きなものを、人と共有できる体験を大切にしましょう。
自分にとっての幸せが分かり、心が満たされれば、人と比較しなくても自分の人生を楽しめるはずです。

悪い想像が止まらなくなり眠れません

【Q】夜になると漠然とした不安で怖くなり、寝られません。将来も暮らしていけるお金があるのだろうか、生活をともにできるパートナーは見つかるのだろうかなどを考えてしまい、悪い想像ばかりが浮かんできます。こうした不安を払拭するにはどうしたらいいのでしょうか。

【A】不安はマーヤ（幻影）です。存在しない苦しみに囚われることをやめて、本当は平和であることに気がつきましょう。また、頭の中の考えばかりにとらわれるのではなく、体を動かすことも大切です。ヨガの練習で少しずつできないことへ挑戦するのも役に立ちます。

不安とは何なのでしょうか？　誰もが不安を抱くことがあると思いますが、不安が何かをしっかりと考えたことはありますか。

不安とは、まだ起きていない未来への恐れです。目の前にない幻想に対して怯えているのです。

ヨガ・スートラでは、ヨガの目的を「まだ起きていない未来への不安を消し去ること」だと定義しています。

現実でない妄想に対して苦しみを抱き、現実の人生を楽しめなくなるのは悲しいことですね。

未来への恐怖を消し去るために必要なものは、リアルな現実への意識です。または、恐怖を乗り越えたリアルな経験です。できないと思っていたことに向き合った経験などはとても役に立ちます。大きな挑戦である必要はありません。ヨガの練習は、恐怖心と向き合うためにも効果的です。

ヨガ哲学では不安を幻（まぼろし）だと説く　〜蛇と縄の話〜

ヨガ哲学では、不安や恐怖はマーヤ（幻）だと言い切ります。ヨガ哲学で頻繁に使われる蛇と縄の例え話があります。

人は暗闇を歩くとき、強い恐怖心と緊張感を抱いています。そのため、夜道に細長いものが見えたら「蛇だ！」とパニックになり、そのまま逆走して逃げてしまいます。しかし、実はその細長いものは蛇ではなくて縄でした。本当は何も危険なんてなかったのに、恐怖心によって抱いた蛇の幻影によって人は苦しみ、自分の行きたかった目的地に到達できないのです。

この例え話に沿って考えると、ヨガの考えや練習は何になるのでしょうか。

ヨガとはプラディーピカー（灯り）だと考えます。灯りを持って夜道を歩いていれば、同じように細長いものがあっても、それが蛇ではなくて縄だと正しく認識することができます。明かりによって蛇の幻影（マーヤ）は消え去ります。本当は危険なんて何もなかったのです。私たちに必要なのは、重厚な鎧でも、武器でもなくて、真実を見るための光です。

私たちが悩んでいるときのことを考えてみましょう。

「不景気だから不安、職を失ったらどうしよう」「老後に充分な貯蓄がなかったらどうしよう」「一生結婚できなかったらどうしよう」そのように考えている時点では、まだ何も起きていません。

もちろん将来に備えて蓄えることは良いことですが、未来は何があるのか誰にも分かりません。分からないことに対して抱く、必要以上の恐怖は手放したいですね。

不思議なのですが、人間には言霊（ことだま）のような能力が多少はあると思います。「絶対に失敗する」と信じている人は、やはり失敗しやすいです。「上手くいく」と思っている人も失敗はしますが、ポジティブな人は失敗しても、それを糧にする強さがあり、学びに変えていきます。恐れる心が苦しみを現実にしてしまうのです。

今に集中し、練習やするヨガの挑戦を積み重ねることが不安を弱めてくれる

しかし、不安を手放すと言っても、それができないから多くの人が困っているもの。実際に抱いている悩みを解消したいときには、理論だけではなかなか解決ができません。そんなときは、思い切って実際に体を動かしてみましょう。

ヨガの練習は不安を解消するのに効果的です。ヨガのポーズの練習を行うとき、多くの人が「私にはできない」と不安を抱きながら練習を始めます。しかし、コツコツ継続して練習をしていく中で、少しずつできないポーズを克服していきます。

例えば、頭倒立のポーズ（シールシャーサナ：頭頂を地面につけて行う倒立のポーズ）などは、ほとんどの人が最初は恐怖心を抱きます。「無理だ無理だ」と思いながら練習すると絶対にできません。できるか、できないかと考えるのをやめて、先生に言われた通りに自分の身体と呼吸に集中したとき、ある日突然できるようになります。その瞬間、

恐怖心がいつの間にか消えていたことに気がつきます。

人は、結果（未来）を考えたときに不安を抱きます。

不安を消し去る一番の方法は、今この瞬間に完全に没頭することです。結果がどうかを考えることをやめて、とにかく集中します。その瞬間は何も恐れがありません。

今この瞬間に集中した結果、上手くいった。自分はできないと思っていたことが、できるようになった。

この成功体験がとても重要です。一つずつの成功体験は小さくてもいいのです。ヨガのポーズが一つずつできるようになる過程で、自分自身への信頼が築かれていきます。

それができたら、次はヨガマットの外で挑戦してみましょう。

怖い上司に自分の希望を言えなかった。嫌われるのが怖くて、好きな人に正直になれなかった。そういった人間関係の問題であっても同じです。少しずつ勇気をもって挑戦してみましょう。すぐにできなくても大丈夫です。繰り返しやってみて、慣れていくことが恐怖をだんだん遠ざけてくれます。

また、私たちが、今この瞬間に意識を向けているとき、今まで気がつかなかったトラウマが急に表面化することがあります。特にヨガの練習では顕著に現れます。自分の身体、呼吸に意識を集中すると、今まで気がつかなかった痛みや不快感に気がつくことがあります。それを無視してはいけません。

そうやって現れる自分自身の弱い部分にも、しっかり向き合いましょう。見て見ぬふりをしてきたこと、蓋をしてきたこと、そういった部分に気がつき、受け入れることも、不安や恐怖の克服につながります。

ポイントは、焦らないことです。とても小さなチャレンジから積み重ねることが大切です。挑戦した結果、成功することもあれば、失敗することもあります。しかし、失敗しても死ぬわけではありません。思ったより大丈夫だったと、体験を積み重ねることが必要です。未来ではなく、今に意識を向けて、一生懸命生きることで、不安は自然と弱まっていきます。

まずは、怖いことは幻だと気がつくこと。そして、挑戦する恐怖心を打ち消していくことで、不安が少しずつ克服できます。

~ひと息コラム~

人生の道を見失ったときに迷わない方法

2024年4月、インド人のタブラ(インド民族楽器)奏者ザキール・フセイン氏が、グラミー賞で3部門受賞しました。インド人アーティストが1回のグラミー賞授賞式で3部門を受賞したのは前代未聞のことであり、インドの首相ナレンドラ・モディ氏も「インドの誇り」と称賛しました。

そのグラミー賞授賞式の直前に、私がインド音楽を学んでいる学校にザキール氏が来訪され、お話を聞かせてくださいました。

集まった人たちは全員がインド音楽の演奏者で、自分の演奏や将来について迷っている人も少なくありませんでした。

1人の生徒が質問をしました。

「長い人生の中で、道に迷ってしまうこともあると思います。道を見失ったらどうしたらいいのでしょうか」

ザキール氏は一点の曇りもなく明確に答えてくれました。

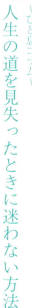

「僕には目標が見えている。それを、地平線に昇る太陽だとしよう。確かにあそこに太陽が見えていることは間違いがなく、自分はそこを目指している。しかし、どうしたら太陽に到達することができるかは分からない。
ある人はまっすぐ進むかもしれない。ある人は別の道を通るかもしれない。ただ、それだけの違いなのだよ。

太陽が何か分かるかい。それは、最高の音楽体験だ。僕たちは、何か超越した美しい音楽体験を求めているんだ。それだけは見失ってはいけないよ。
人によっては、ひたすら伝統に従った練習をするかもしれない。ある人はもっと近代的な音楽に進むかもしれない。誰にも近道は分からない。ただ、向いている先のゴールは同じでなければいけない。常に最高の音楽体験を目指す。そこさえ見失わなければ大丈夫だよ」

自分が求める方向さえ見失わなければ、どんな道を通っても、たとえ寄り道をしても無駄ではない。
そう教えてくれたザキール氏は、さらにこう続けました。

「いいかい、どれだけ努力をしても、僕は一生あの太陽に到達できないって分かっているんだ。それで良いじゃないか。想像してみなよ。人生のゴールに到達してしまった音楽家は、その瞬間に人生の目的を失ってしまう。きっと退屈だよ。僕たちはゴールに到達できなくても、憧れる太陽を目指していれば、一瞬だけその輝きに触れられることもある。そうやって、死ぬまで追い求めることができたら最高じゃないか」

私たちは、ゴールに到達することばかり考えて、今この瞬間を犠牲にしがちです。

しかし、道は今この瞬間の一歩一歩の積み重ねでしかありません。ザキール氏は、この瞬間を味わうことなく、何かを得ることができないということを教えてくれました。

※ザキール・フセイン氏は2024年12月15日に逝去されました。入院の直前までコンサートでの演奏をされており、何年も先まで講演予定が決まっていました。ご自身の言葉の通り、最後まで太陽のような最高の音楽を求めていました。安らかな眠りにつくようお祈りいたします。

第四章

ヨガは実践する哲学

〜今日から実践できるインド哲学的生き方〜

インドの哲学に共通する基本的な考え方と世界観

まずは少しだけ、インドの思想の土台になっている考え方についてお話ししたいと思います。

インドの宗教的な背景についても説明する必要があり、興味の無い方にとっては退屈な内容になってしまうかもしれませんが、インドの基本的な思想の土台を理解することはヨガの理解を深めるのに非常に役に立ちますので、少しだけお付き合いください。

カルマについて

インドでは、全ての事柄には原因があるといわれています。日本でも因果応報ということわざがありますが、同じ考え方です。

私たちに起こることの全ては、過去にあった出来事、もしくは、前世の行いなどが原因と考えられています。良い行いをすれば良いことが起こり、悪い行いをすれば悪いことが起こります。

自業自得の「業」という言葉は、インドの「カルマ」という言葉から来ています。本章の中で詳しく説明しますが、カルマは行動や結果をともなう行為を意味します。私たちに起こる多くの事柄は、カルマ（過去の行動）が原因になっていると考えられています。

輪廻転生について

また、インドでは輪廻転生の考え方が採用されています。

過去世の記憶はほとんど残っていませんが、過去世からのカルマ（業）が現世で影響することがあります。

今世で運命としか思えないような課題にぶち当たってしまったとき、それは前世で解決できなかった課題をもう一度与えられた可能性があります。

カルマは、前世だけでなく、今世で生まれてきてからの行為を含めて全てが影響するため、私たちの人生は複雑な形で過去に縛られています。輪廻転生を信じなかったとしても、幼少期のトラウマなどが原因で人生の課題が何度も現れる、と言われれば納得できる方もいるのではないでしょうか。

カルマという言葉は「生まれ持った運命」と解釈されることがありますが、それは過去世のカルマだけを指しているため、理解としては不十分です。本来のカルマは、純粋に「行為」を意味し、実際には過去世だけでなく現世も含めた「行為」と「行為による業」の両方を指していることを覚えておきましょう。

ヨガを学びたいと願う人は、前世でもヨガを学んでいたといわれます。ヨガを学ぶ人は、次に生まれ変わっても、さらにヨガを学ぶのに適した環境に生まれ変わることができると信じられています。

ヨガが生まれた時代と違い、現在はどこでもヨガの先生に出会えるようになりました。本やインターネットでも簡単に情報が手に入ります。

日本に生まれてきた私たちは、インドで生まれた人に比べると自分の人生を選択できる機会に恵まれています。本人が望めば、ヨガ発祥の地インドや、他の国にも、ヨガを学びに行くことができます。

もしかしたら、今インドでヨガの勉強をしたいと思っている人は、前世でそれを望んでいて、今世でチャンスを与えられたのかもしれません。

ブラフマン（宇宙の原理）とアートマン（真我）

私たちは、今所持している自分の身体、心や思考などを「自分」と認識しています。しかし、身体は生まれてから変化し続け、肉体の死とともに失うものです。

また、私たちの心も不安定なものです。心の動きは常に変化していて、一時として安定しません。

インド哲学では、身体も、心さえも、現世で与えられた魂の借り宿と考えられています。神様がお寺に滞在するように、私たちの魂も身体に一時的に宿り、次の場所に移動します。

この、私たち個々の本質である魂をアートマンと呼びます。

アートマンは、完全に純粋で汚れのない存在です。永遠と平穏な状態で変化がなく、至福の状態を保っています。私たち全ての人の本質はアートマンですが、物質的な世界の肉体に宿ったことで、現世での苦しみや楽しみなどを体験し、本来の姿を忘れてしまっています。

また、私たちが見ているこの世の全ては、マーヤ（幻）と呼ばれています。世の中の全ての事柄はアートマンが見ているマーヤ（幻）なのです。

さて、私たち個々の本質であるアートマンですが、実はたった1つの宇宙原理、ブラフマンと同一の存在です。

インド思想の有名な言葉に「ｏｎｅ ｉｓ ａｌｌ，ａｌｌ ｉｓ ｏｎｅ．（1人は全て、全ては1人）」という言葉があります。これは、本来1つであるブラフマンが複数あるように見えていることを指します。複数あるように見える個々の存在（アートマン）は、実際は1つのブラフマンです。

全ての存在はブラフマンが生み出した幻想です。人も他の動物も自然も、本来はたった1つの存在であると考えられています。

それは1人の人間がたくさんのテレビで別々の映画を見ているような状態です。それぞれの映画に入り込み過ぎて、その主人公を自分だと勘違いしてしまっているようなものなのです。

ブラフマンは一つのみ。
様々な幻影を見てそれぞれ
個別の自分だと勘違いしている。

インドではそれを、たくさんの水滴に別々の像が移っているような状態と例えられます。1箇所（ブラフマン）から発せられた光でも、水滴によって光の当たる角度が違うので、別の映像が映し出されます。それを見るブラフマンは、それぞれに自我があると勘違いしてしまっているのです。

ブラフマンは光を発する存在、そして水滴に移った映像を観察しているその存在です。映像自体がブラフマンではありません。

土に例える説明もとても有名です。ひとかたまりの土があったとき、私たちはそれを「土の塊」と呼びます。その土から粘土を作り、コップや平皿を作ると、そのときには「コップ」「お皿」「花瓶」「水瓶」とさまざまな名前を与え、すべて別のものとして認識します。しかし、コップを落として割ってしまい外に捨てておくと、また土に帰っていきます。

つまり、本質を見たときには、どの瞬間も「土の塊」しかありません。変化し続ける世界の一部分に名前を与えることで、私たちは独立した存在だと思っていますが、実は一つの土の塊でしかないのだと説きます。

世界中の人が、一つの宇宙原理（ブラフマン）だとヨガ的な表現をすると、とても宗教的に聞こえるかもしれません。しかし、ヨガ哲学では盲目に古代の教えを信じる必要はありません。

ヨガが多くの哲学と違う部分は、自分で選ぶ道であり、実践をともなった哲学だということです。ヨガにおいて大切なのは、自身の経験です。

もし、ヨガの実践をする中でインド思想的な感覚を感じたら信じて良いでしょう。別のやり方で感覚を体験した場合も、自分の体験を信じて良いと思います。

「ヨガ」と名前のつく流派は何千と存在しています。それぞれの流派によって宇宙の仕組みに関してのさまざまな見解があります。

教本によって書いてあることが違うので、困惑してしまうこともあるかもしれません。教本ごとの違いがあるのは、ヨガが先駆者の経験によって築きあげられてきたものだからです。

しかし、どの教本にも必ず書かれているように、大切なのは実践して体験することであり、ありがたい教典を讃えることがヨガなのではありません。

全てが1つという経験は、ヨガのクラスに出たことがある人なら実際に感じた人も多いと思います。

例えば、ポーズの練習の最後に行うシャバアーサナ（仰向けで休むポーズ）。自分自身と周りの空間の境目が無くなって、身体が溶ける、または周囲と一体になるといった感覚を感じたことのある人もいらっしゃるかもしれません。

ヨガをしなくても、山などの自然の中で、自分自身が自然の一部で一体となっていることを感じた経験をおもちの方もいらっしゃるでしょう。

自然の中で畑仕事をしている人の多くは、植物や虫たちの生命と一体になった感覚を経験するようです。また、ピアノなどの楽器を演奏していて、自分自身が音そのものになってしまったような感覚を覚えたことがあるとおっしゃる方もいます。

大げさにブラフマン（宇宙原理）やアートマン（個の本質）という言葉を使わなくても、自分自身の体験で感じることができればヨガの成功です。定義を議論する必要はありません。

それが、私の好きなヨガの哲学の良い部分です。

ヨガのサンカルパで本当の願いを見つけよう

ヨガ的な思考を日常に取り入れる第一歩として、そもそも自分が何を求めているのかを探していきましょう。

ヨガでは、外からの情報によって得られた願望を「間違った願い」だと考えます。自分が何を求めているのかを知ることは、自分の歩む道を決断するために最も必要なことです。自分の望む未来がわからなければ、路頭に迷ってしまいます。ヨガでは、周りの人やマスメディアの情報に惑わされずに、自分が心から大切にしたい本質を探し、毎日自分に言い聞かせます。

多くの人は、新年や新年度に向けて、「今年の抱負」を考えるのではないでしょうか。ヨガでも、抱負を考えます。それをサンカルパと呼びます。

サンカルパは決心や誓いを意味しています。ヨガ的な抱負であるサンカルパについて考えて、毎日取り入れることによって自分の人生の道しるべが見えてきます。

私たちは、何か目標があると、そこに向かって人生の道を歩くことができます。しかし、行き先が分からない旅では、道を迷ってしまいます。もちろん行き当たりばったりの散歩が好きと言う人もいるので、それが悪いわけではありません。しかし、自分の人生に不安がある人は、しっかりと自分のゴール何かを見つめる時間が欲しいですね。

自分の内側からの願いを見つける方法

これを読んでいる方でも、多くの方が新年に抱負を考えると思います。

しかし、今年の正月に考えた抱負を覚えている人はどれだけいらっしゃるでしょうか。

ほとんどの方が忘れてしまっているのではないでしょうか。

もし、何カ月も経っていても覚えていて継続できているのであれば、その人はすでに夢を叶える力を持っている人です。しかし、三日坊主になっていた人、そこまでもいかずに、一晩寝たら忘れてしまったと言う人は、自分自身に向き合う時間を作りましょう。

抱負を忘れてしまったという人は、どんな願いを抱いてその抱負を考えたのでしょうか。

現在では、ＳＮＳを通して他人のライフスタイルを垣間見ることも増えました。誰かが美しいビーチの写真を投稿すれば「今年は私も海外旅行に行きたい」と考えたり、手の込んだおせち料理を見れば「今年は丁寧に食事を作ろう」と考えたりします。エクササイズ動画を見てはダイエット後の自分の姿を想像し、ミニマリストの投稿を見ては断捨離を始め、何か美しいキャッチフレーズを見つけては、自分も似た投稿をしてしまったりもします。

今羅列したような願いは、何も悪いことではありません。しかし、多くの人は三日坊主で忘れてしまいます。

それがどうしてなのか考えたことはありますか？

これらは全て、外からの情報でしかないからです。自分、個人の願いではありません。

魅力的な情報は多くの人に賞賛され、「私も真似したい」というモチベーションを与えてくれます。しかし、視覚的な情報は一時の快楽でしかありません。

外からの情報は外のものであり、自分自身の本当の願いではないことを理解しましょう。

私たちは、どうしたら自分が幸せになれるのか分かりません。だから、自分以外の誰かに聞こうとします。インターネットの情報や、身の回りの人に聞いて、「これが手に入ったら幸せに違いない」と思い込みます。しかし、それはあなた自身の幸せの条件ではないことに気がつきましょう。

では、自分の願いを知りたければ、どうしたら良いのでしょうか？

それは、自分自身に聞くしかありません。

毎日、自分との会話を行うことが必要です。何か願いが湧いてきても、それは本当の願いなのか、一時の感情なのか、しっかりと観察してみましょう。

サンカルパの探し方　〜具体的な願いから抽象的な願いへ〜

今この瞬間に思いつく、欲しいものは何でしょうか？
それを元に、ヨガ的なサンカルパの探し方をご紹介します。

例えば、「痩せたい」という願いを元に考えてみましょう。
「3カ月以内に5キロ痩せる」という具体的な目標を抱負に定めるとします。これは、目標ではあっても、サンカルパにはなりません。なぜなら、3カ月という特定の期間にしか適応できないからです。ヨガ的なサンカルパは、一生涯抱くことができる人生の目標であるべきです。

ただし、自分の目標を探すために、今この瞬間に抱いている願いを元に考えることは良い方法です。1つの願いがあれば、「では、その願いが叶ったらどうしたい？」と自問してみましょう。

5キロ痩せたいのであれば、5キロ痩せた後に本当に幸せになるのかを考えてみましょう。そして、5キロ痩せたら、次に何が欲しいのかを自分に聞いてみましょう。
さらに5キロ痩せたくなるかもしれませんし、今度は筋肉トレーニングをして引き締まった体になりたくなるかもしれません。

では、自分の求める体になったら、次に何が欲しいのでしょうか。
「自信を持って好きなファッションを楽しみたい」と思うかもしれません。では、好きなファッションが楽しめるようになったら、次に何が欲しいのでしょうか。「自分のことを愛したいし、たくさんの人に愛されて生きたい」と思うことでしょう。

ここで、やっと本当の願いがわかりますね。

「自分のことを愛したい」というのが本当の願いであり、痩せるというのは、そのための手段でしかありません。

本当の願いが分かれば、5キロ痩せることが最優先ではなくなります。それよりも今すぐに、自分自身を愛することを覚えた方がいいです。それができなければ、目標まで痩せたとしても、もっと痩せたい、次は鼻を高くしたい、高級なファッションを着たいと、延々と欲望が続いてしまいます。

「痩せたい」ではなく、「自分のことを愛する」がサンカルパだとわかりましたが、最初から抽象的な願いでは理解が難しいです。そのため、現在抱いている願いから、少しずつ自分の本心を探っていくことで、実感しながら本当のサンカルパを見つけていきましょう。

多くの人は「愛」や「安心」「平和」といった、抽象的な答えに辿り着くと思います。

頭で考えてピンとこなければ、実際にやってみましょう。

5キロ痩せるという目標を、努力して叶えてみましょう。そのとき、本当に幸せを感じられたでしょうか。自問をしてみます。

ヨガは実践する哲学です。考えて分からなければ、ヨガの練習を実際に行い、体の柔軟性がなくなったり、脂肪がなくなったり、肩こりや腰痛がなくなって、本当に自分が幸せになったのかを自問します。まず目の前の悩みが消えることで、より鮮明に自分の心に向き合えるようになります。それを繰り返してみましょう。

サンカルパは一生かけて唱えるべき自分への誓いなので、充分に時間をかけて探しましょう。立ち止まって考える時間を作るうちに、本当に自分が求めているものが見つかるはずです。

必ず唱え続けることの大切さ

サンカルパは、毎日唱えることがとても大切です。

ヨガ・ニードラ（眠りのヨガ）と呼ばれる練習の最初と最後に唱えたり、瞑想の習慣がある人は、そのときに唱えたりするのも効果的です。

毎日唱えることは、そのたびに自分の声と対話することになります。自分が本当にそのサンカルパを求めているのか、内側の自分に違和感があれば、そのときはサンカルパを見直す必要があるかもしれません。

サンカルパは、頻繁に変えるべきではありません。しかし、自分自身が成長していく過程で、より本来の望みが分かってきたときに、自然に変化することがあります。何日間も違和感があれば、もう一度自分と対話してサンカルパを見直してみましょう。

サンカルパを毎日唱えることは、コンパスを確認するような行為です。自分自身の人生が、正しい方向に進めているのかを見直します。これができないと、自ら間違った道に進んでしまいます。

例えば、「家族と愛にあふれた生活」がサンカルパだったとします。しかし、現実の生活の中では、いつもイライラしていて、小さいことで子供やパートナーに怒ってばかりかもしれません。

そのときは、自分の本質に立ち返ってみましょう。

「家族は私の言う通りに完璧にしてくれないかもしれない。私は家族の将来を考えて、良いことを躾けしているけれど、結果的にいつも家の中の空気がギスギスしている……」

そこで自問してみましょう。

「私にとって大切なことは、家族が完璧に片付けをしてくれることや学校で良い成績を取ってくれることなのか？　そのために家族の笑顔を犠牲にするべきなのか？」

本当の願いが、家族との幸せな人生であれば、ちょっとくらい完璧でなくても、一緒に楽しめる方法を模索した方が良いかもしれません。正しいことだけが正解ではない場合があります。正論であっても、それが苦しみにつながっていたら間違いである可能性もあります。

間違ってはいけないのは、家族と楽しく過ごすために甘やかすのが正解という意味ではない、ということです。

正しい躾は必要だと判断しても、子供が自尊心を失わないよう、同じだけ愛を伝えるのが正解かもしれません。本当の願いさえ見失わなければ、自分が行うべきことが少しずつ見えてきます。

サンカルパというのは、一番大切なことを忘れないための誓いなのです。軸さえ揺るがなければ、自分の選択に迷うことがなくなります。

自分に対する約束を守る

サンカルパは、自分に向けた誓いの言葉です。

三日坊主の人は、自分との約束を毎回破ってしまっているのだと自覚しましょう。その人は、社会的には良い人であるかもしれません。会社にも遅刻せず、一生懸命仕事をして、家族のことも守っているかもしれません。しかし、自分自身に対しては不誠実な人となってしまいます。

まずは自分自身を大切にしてください。自分自身に向き合えていないと、どれだけ一生懸命生きていても、いつかバランスが崩れてしまいます。自分と向き合うために、サンカルパの誓いを毎日唱えることはとても大切なことです。

サンカルパを唱え続けていると、そのたびに自分をリセットすることができます。自分は、本当に自分に誠実に生きているのかと確認することができます。

自分の本当に求めるゴールに向けて、毎日歩めているのでしょうか。

本当の願いを叶えるためには、バランスが必要です。社会とのバランス、家族とのバランス、労働と余暇のバランス、あらゆることを自分で判断しなくてはいけません。しかし、どんな悩みが現れたときも、本当に望むものが分かっていれば迷いません。サンカルパは、人生という地図を正しく進むためのコンパスだと思って、毎日唱えましょう。

3つのグナ（要素）を知り、ヨガ的な生活を取り入れよう

ヨガ哲学を日常に活かそうとするときに、何がヨガ的で、何がヨガ的でないかを判断するのは難しいことです。

そこで一つの指針となるのがグナ（要素）という考え方です。

ヨガ哲学では、世の中の全てのものは3つの性質の組み合わせだと考えます。

それは原子記号のようなものです。

2つの酸素原子（O）と1つの水素原子（H）の組み合わせで水（H2O）ができ、温度によって個体（氷）、液体（水）、気体（水蒸気）と変化をします。水蒸気が空に昇っていき雲になり、雪や雨となって再び地上に戻ってきます。

少ない原子があらゆる形に姿を変えるのと同様に、ヨガ哲学ではたった3つの元素に

よって世界を説明します。この要素をグナと呼びます。

【サットヴァ（純質）】
純粋さ、不純物がない、透明、軽い、明るい、正知、幸福と結びつく

【ラジャス（激質）】
激しさ、あらゆる動き、激情、欲望

【タマス（鈍質）】
不純さ、濁っている、重い、不透明、暗い、無知、怠慢、睡眠

この3つは湖の水に例えると分かりやすいです。第一章でも本当の自分（プルシャ）の探し方で説明しましたが、大切な概念なので、おさらいしましょう。

湖の水が濁っていたら、湖の底にある真実を見ることができません。泥沼になっている状態、濁った水はタマス（鈍質）です。

水からタマス性の泥を取り除くと、水は透明となります。しかし、水が揺れて波や波紋があると、やはり真実を見ることができません。この水の動きである波紋はラジャス性（激質）です。また、水に動きがあると、地底の泥が舞ってしまい、タマス性が戻ってきてしまいます。

水の濁りと、動きがなくなったとき、やっと水は透明となり、湖の中の真実の状態を知ることができます。それがサットヴァ（純質）の状態です。

ヨガでは、常に正しい真実を知ろうと試みます。そのため、サットヴァ性を高める努力を行います。

幸せを感じたければ純粋な心の状態を目指そう

ヨガでは、心が人生を作り上げると考えます。そのため、心の状態を変えることが最も大切です。

幸せな人生を過ごしたいのであれば、幸福と結びつきやすいサットヴァ（純質）な心の状態を目指すべきです。

サットヴァ性は、シンプルに不純物のない状態です。

それがどうして幸福につながるのでしょうか。

不純物がないということは、視界が明るいということです。たとえ、空に太陽が輝いていても、分厚い雲があれば大地は暗く、何も見ることができません。純粋で光を通す状態は、それだけで明るく照らされます。

しかし、私たちが色眼鏡をかけていれば、正しい世界を見ることはできません。赤いサングラスをかけていれば世界は赤いと思い、青いサングラスをかけていれば世界は青いと思い込みます。暗いサングラスをかけていれば、昼でも暗いと思ってしまいます。

ヨガは何かを新しく得るためのものではありません。ただ、不要な色眼鏡を外すためのテクニックです。

ヨガの練習をしたことがある人は、最後のシャバアーサナ（屍のポーズ）の後に、目を開けると、視界が急に明るくなる経験をしたことがあると思います。世界はすでに明るかったけれど、それに気がつけなかったのですね。この状態をより鮮明に作り出すのがヨガです。

さて、具体的にどのような心の状態がサットヴァ性なのか見ていきましょう。

3種類の心の状態を順にご説明します。

サットヴァの心・ラジャスの心・タマスの心

【サットヴァ性の心】

サットヴァ性の状態は、真実が見えている状態です。

それは、今、この瞬間、この場所に意識が結びついている状態です。本当にこの瞬間に意識が向いていれば、自然と幸福を感じやすいです。

例えば、コーヒーが好きな人にとって、丁寧にコーヒーをドリップする瞬間、それを飲む瞬間は幸福なはずです。そのとき、窓の外から小鳥のさえずりが聞こえてくれば、そんな幸せな光景はありませんね。

しかし、仕事をしながら片手でコーヒーを飲んだり、映画を見ながら、友達と話しながら飲んだりすると、コーヒーの味をじっくりと感じることはできません。他のことで思考が忙しいときには、真実を見ることができません。すると、自分自身の本当の声も聞こえなくなってしまいます。

サットヴァ的な状態とは、今、この瞬間に意識が向いている状態です。過去の記憶や、未来への不安にとらわれず、今、この瞬間のあるがままを感じられている状態です。

【ラジャス性の心】

ラジャス性は忙しい心です。

心が活発になるのは、特に未来について考えているときです。「あれこれが欲しい」と欲望を抱いているときは、心がとてもラジャス的になっています。

感覚器官により得られる一時的な快楽も、ラジャス性を生みやすいです。

例えば、ギャンブルについて考えてみましょう。ギャンブルで得られる興奮や快感には中毒性があります。快楽を求める激しい激情によって理性が失われ、破滅に向かいます。激しい中毒性は自分でコントロールすることができません。他のどんなものを犠牲にしても求めてしまいます。

中毒を招く快楽にはさまざまなものがあります。ギャンブルの他には、異性関係、アルコール、糖質、ゲームなどが分かりやすいですが、場合によっては、良いものであっても中毒性を含みます。

ダイエットの食事制限、ヨガの練習、仕事の成功など、本来であれば良いとされるものであっても、極端になると苦しみを生み出します。

私の場合、極度にコーヒーに依存していたことでラジャス性が高まっていました。

あるとき、長年苦しんでいる頭痛や胃炎の原因かもしれないと思い、コーヒー断ちをしました。数週間続いた離脱症状は苦しいものでしたが、カフェインへの依存がなくなった頃、激しい不安やネガティブな思考が薄れていることに気がつきました。

将来への不安はラジャス的な思考です。ラジャス性の性質を持つコーヒーを手放すことでも、弱めることができた経験は、とても大きな学びになりました。

【タマス性の心】

タマス性は、怠慢で重たい状態です。

最もタマスが優先な状態は、夢も見ない深い睡眠状態です。これは心身の回復のために必要なものです。

しかし、タマス性の状態がダラダラと続いてしまうのはよくありません。普通は寝ると疲労が回復されますが、週末に昼過ぎまで寝過ごすと、逆にだるくなってしまうという経験をしたことがある人も多いと思います。必要な睡眠であっても、節度が大切なのです。

興味深いことに、過度なラジャス性の後には、必ずタマス性が導かれます。

刺激の強いギャンブルやゲームは、最初はラジャス性ですが、どっぷりと沼にハマってからはタマス性になります。最初は刺激が楽しくてやっていたゲームも、ハマっている内に惰性でやり続けるようになり、楽しいのかどうかもよく分からないままに続けてしまう、というのもラジャス性からタマス性へと導かれている例です。

また、コーヒーのようなラジャス性を摂取すると、数時間後に急にだるくなります。ラジャスとタマスは真逆に見えて、セットになっているのですね。

以上の3つのグナは、自然界にはもともと全て存在します。私たちの中にも、3つの全てが備わっており、自分の中にある要素を否定することはよくありません。

しかし、今この瞬間に、どの要素が優勢に活動をするかは、ある程度コントロールができます。できるだけ、幸福に結びつくサットヴァを高めていきたいものです。

3つのグナを食べ物に当てはめて考えてみよう

ここまでは、3つのグナを心の働きで説明しました。今度は、自分の身の回りのものをグナに当てはめて考えてみましょう。

私たちの心も体も3つのグナが組み合わさって作られたものです。また、外の世界も同様にグナによって作られているものです。そのため、自分が関わるあらゆるものの状態をサットヴァ性（純粋）にしていくことにより、自分の心の状態をコントロールすることができます。

私たちは、日々「自分が自ら考えている」と思い込んでいますが、人はそんなに賢くないのかもしれません。先ほどラジャス性の心として紹介した私自身のコーヒー断ちの経験のように、食べるもの、見るもの、住む場所、関わるもののエネルギーの影響を常に受けています。

そのことを踏まえ、ここからは3つのグナを食事に当てはめて紹介します。
これについては、教典バガヴァッド・ギーター17章の教えを引用しています。

【サットヴァ性の食事】

「生命力、勇気、力、健康、幸福、喜びを増大させ、美味、油質、持続性があり、快適な食べ物はサットヴァなものに好まれる」（バガヴァッド・ギーター17章8節）

これだけでは情報が少なく、具体性に乏しいですね。そもそも何が健康に良いのか分からなくて悩んでいる人は多いと思います。

ヨガやアーユルヴェーダ（インドの健康学）では、万人に共通する健康食はないと考えます。強いて言えば、白湯くらいかもしれません。

人の体は、みんな違います。体が違えば、食べるべきものも違うのだと考えます。また、住んでいる環境や季節によっても違います。

例えば、日本の寒い冬には体を温める必要があるため、ゴボウややニンジンなどの根菜類が良いとされます。しかし、常夏なインドのムンバイでは、根菜類を食べると消化の力が足りなくて、未消化の毒素になりやすいです。逆にムンバイではココナッツウォーターをたくさん飲みますが、ココナッツウォーターは寒い地域では身体を冷やしてしまうので避けるべきです。

自分自身の今の状態や、環境によってサットヴァ性の食事は変わります。

何が自分にとって健康的で美味しい食事なのかは、自分自身に聞かないといけないのが難しいところです。

また、本当は自分にとって良くない食事を美味しいと勘違いしてしまうこともあります。

例えば、白砂糖がたくさん入ったスイーツなどは、脳内に快楽物質を生むため、食べると幸せだと感じてしまいます。しかし、あまり糖質が高いものを一気に食べると、そのあとで身体がだるくなったり、重たくなったりします。つまりこれは、タマス性の食べ物です。

その瞬間の味覚だけでなく、食べた後の自分の状態も観察するのが良いでしょう。

インターネットやテレビでは、日々さまざまな健康法が紹介されていますが、情報を鵜呑みにするのではなく、必ず自分の身体で試して、自分に合った食事を自分で見つけたいですね。

【ラジャス性の食事】

「苦く、酸っぱく、塩辛く、口を焼く、刺激性で、油気がなく、ひりひりとし、苦痛と憂いと病気をもたらす食べ物はラジャスなものに好まれる」（バガヴァッド・ギーター17章9節）

サットヴァ性に比べて、ラジャス性（激質）はとても具体的で分かりやすいです。苦いもの、辛いもの、酸っぱいもの、塩辛いものといった刺激的なものはラジャス性の食事です。

インドではヨガの住み込み道場をアシュラムと呼びますが、多くのアシュラムで禁止されている食材があります。それは、玉ねぎ、ニンニク、唐辛子です。

インドカレーでは、これら3つの食材をふんだんに使うのが常識ですが、ヨガ的には良くありません。なぜなら、思考をアクティブにして瞑想の妨げとなってしまうからです。

ラジャス性の食品は、健康に悪いという意味ではありません。しかし、思考をアクティブにして、不安や恐怖、怒りや欲望などを増大させます。

もし、ネガティブな思考を手放せない場合には、食べ物を見直してみると良いかもしれません。忙しいときには、辛い食事でエネルギーを高めたいと思うかもしれませんが、それによって怒りっぽくなってしまっている可能性があります。

その時々で、頑張りたいときにはラジャス性の食べ物を取り入れる、穏やかさを求めるときには減らすなど、自分で選択できると良いですね。

【タマス性の食事】

「新鮮でなく、味を失い、悪臭があり、前日調理された、また食べ残しの、不浄な食べ物は、タマスなものに好まれる」（バガヴァッド・ギーター17章10節）

タマス性（鈍質）な食事は、古いもの、臭いもの、味がないもの、何度も調理し直したもの、アルコールなどが挙げられます。

タマス性の食べ物は、ヨガ的に生活するためには避けたいものです。

そもそも、古くて腐っているようなものを食べる機会はあまりないと思いますが、長期間保存するために不自然な加工をしている食品はたくさんあるかもしれません。

例えば、安価なハムやソーセージなどの加工肉は、長期間保存するための添加物や、味をごまかすための調味料が多量に含まれている可能性があります。同様に、刺激的な味付けになっているものにも気をつけたいです。

また、日本ではカレーは3日目が美味しいと言いますが、インドでは3日前に作ったカレーは言語道断です。古代インドでは衛生問題もあったでしょうが、しっかり冷蔵庫で保存でき、衛生的な問題が解決した現代でも同様に考えられています。

インドのカレーはたくさんの野菜を使いますが、野菜に多く含まれているビタミンなどは、熱を通すだけ破壊されてしまいます。つまり、温め直す度に食材の栄養が失われてしまうのです。

インドでは、調理してからできるだけ30分以内に食べるという文化があります。新鮮なものを、新鮮なうちにいただく意識も大切ですね。

もちろん、ライフスタイルによって、毎回料理するのは難しいと感じる人も多いと思います。ただ、頭の片隅に入れておくことで、できるだけ栄養のあるものを食べる工夫につながります。作り置きのおかずとサラダを一緒に食べるなど、考えられると良いでしょう。

このように、あらゆるものをサットヴァ（純質）・ラジャス（激質）・タマス（鈍質）に当てはめて考えてみましょう。食事だけではありません。自分の部屋の状態、身に着けている衣服、話す言葉、仕事への向き合い方、これらを見直すときの一つの指針ともなります。

サットヴァ性を高めることで、ヨガ的な生活とは何かを考えることができるのです。

アヒムサー（非暴力）自分にも周囲にも優しく生きる

アヒムサー（非暴力）という言葉は、インド独立の父であるマハトマ・ガンジーが掲げていた教訓として有名です。

アヒムサーとは、他人に対しても、自分に対しても暴力を振るわないことです。暴力とは、物理的な暴力だけでなく、言葉の暴力や精神的な暴力も含みます。

「アヒムサーが身につけば、その人の周りでは誰も敵意を表さない」（ヨガ・スートラ2章35節）

ヨガ修行者が非暴力を身につけると、彼の周りの存在全てが平和な状態になります。

非暴力の習得者の前では、虎と鹿さえ仲良く遊び、お互いに傷つけあうことがないといわれています。

みなさんの周りにも、とても優しい雰囲気を纏った人がいるのではないでしょうか。そんな人の前では、誰もがほんわかと、穏やかな気持ちになります。逆に、常にイライラしている人の周りは、誰もが緊張感を抱いて、小さなことが原因で揉め事が起きてしまいます。

できれば、穏やかで周囲の人と幸せに過ごしたいですね。

物理的・言語的・心的な暴力。特に言葉の暴力に要注意

アヒムサー（非暴力）は簡単そうに聞こえて、とても難しい教えです。殴る蹴るなどの身体的な暴力を日常的に行う人はほとんどいないと思いますが、言葉で人を傷つけてしまった経験は、多くの人に覚えがあるものではないでしょうか。

アヒムサーを実践するためには、無意識に行っている暴力に気がつくことが必要です。

自分では思いもよらなかったことが、誰かを傷つけていることは多々あります。

アヒムサーは大きく分けて3つに分類できます。

・物理的な暴力：直接的に他人を攻撃する。物などにあたる
・言語的な暴力：相手を傷つける言葉を発する
・心的な暴力：誰かを傷つけたいなどの思考を抱く

ヨガでは、直接何かを実行しなくても、思ってしまっただけでアヒムサー（非暴力）に反してしまうと考えます。自分の内側から暴力的な性質を全て取り除かないといけないのがアヒムサーの難しさです。

この3つの中で、特に注意したいのが言語的な暴力です。少し踏み込んで考えてみましょう。

特に近年問題になっているのは、SNSなどでの誹謗中傷です。

著名人に対しては、対面で会う人には決して言わないような、一方的で痛烈な言葉で批判する投稿をする人がいます。日本だけでなく、世界中でタレントなどへの誹謗中傷コメントが問題になっています。マスメディアに登場する著名人であっても、私たちと同様に心があり、否定的な言葉を向けられれば深く傷つきます。

ターゲットは芸能人などの著名人だけではありません。

一般の人が写真や動画を投稿できるSNSであれば、普通の人が趣味で料理やペットなどを投稿していることが多いです。そこでも、フォロワーの多い人には、とても否定的なコメントがついているのを目にすることがあります。不特定多数の人の目に止まる場所に何かを投稿しただけで、粗探しされ、心無い言葉を浴びせられてしまうのはとても悲しいですね。

言葉にはとても大きな力があり、たった一言で他者の人生を変えてしまうことがあります。

自分にとっては何でもない言葉であっても、繊細な人にとっては大きなダメージを与えてしまうこともあります。

特に感情的になっているときほど、無意識に否定的な言葉を使ってしまうことがあるので、気をつけたいですね。

自分を否定するような言葉も自分への暴力になる

次に、自分に対しての暴力についても考えてみましょう。


真面目な人ほど、小さなミスでも過剰に落ち込んでしまったり、自分を否定する言葉を使ってしまったりすることも多いのではないでしょうか。

例えば、人見知りなために初対面の人とうまく話せなかったとき、「だから自分はダメな人間なのだ」と過剰に落ち込んでしまうかもしれません。

しかし、相手は何とも思っていないかもしれませんし、実際にそれで自分自身の価値が変わるわけではありません。こうした自己否定は、アヒムサーに照らし合わせれば自分への暴力だと考えられます。

自責や自己否定は、ヨガのクラス中にも起こりえます。

他の生徒ができているポーズをできないときに「自分だけできなくて恥ずかしい。私は運動神経も悪いし、物覚えも悪いし、何もできない」と自分を責めている人は案外多いと感じています。

ヨガのように自分自身を癒す場所であっても、自分をジャッジして、自己批判してしまう人がいるのです。

こうした自分への暴力を防ぐには、「完璧でなくても大丈夫」と、自分自身を認めてあげるところから始めたいですね。自分に優しくなれることで、他者にも余裕を持って接することができるようになってくると思います。

言葉というものは、ほんの少し言い方を変えるだけで、印象が変わります。

他人に対しても、自分に対しても、快適な言葉選びを行うこともヨガのひとつです。

アヒムサーを完璧に行うのは難しいことです。

まずは自分が日常で使っている言葉を客観的に観察してみましょう。ふとしたとき、きつい言葉を選んでいるかもしれません。無意識の暴力に気がつけるようになることで、自分を変える一歩が踏み出せます。

毎日の食事の中でもアヒムサー（非暴力）の考えを活かそう

アヒムサーを実践し、他人も自分にも優しく接するためには、日々の意識や言葉を変えるだけではなく、習慣を変えることも大切です。

私たちは、食べた物のエネルギーを体内に取り入れるため、知らず知らずのうちにその影響を受けています。だからこそ、毎日食べる物には気をつけなくてはいけません。

インドでは、現在でもたくさんの人がベジタリアン（菜食主義者）です。ほとんどの人が宗教的な理由ですが、宗教の戒律にも理由があります。

鶏肉や豚肉には、彼らが育てられた悪質な環境や、殺される恐怖心や痛みが、その肉に宿ると信じられています。それらを食べることは、動物の感じていた恐怖心や痛みも一緒に体内に取り込むと考えられているのです。

私たち日本人は宗教上のルールが少ない社会で育ってきましたが、だからこそ、自分自身が食べる物などは、自分自身で意識的に選択しないといけません。

また、アルコールなどの嗜好品に関しても同様です。
私たちは自身を喜ばせるためにアルコールを摂取していますが、これも自分にとって本当に喜ばしいかを考えてみましょう。

ワインやビールを飲む瞬間の顔を想像してください。
暑い日にビールを飲む瞬間、とても美味しいと感じていても、表情は顔の中心にぎゅーっとすぼまり、顔の筋肉自体は緊張していませんか？
その表情は、笑顔ではなく、苦痛に耐える顔に似ていないでしょうか。思考は美味しいと感じていても、身体の反応は実は緊張しているのかもしれません。

健康的で自分に優しい食生活とは何なのでしょうか。

世間にはさまざまな健康法がありますが、誰にでも当てはまる100%の正解はないと思います。


情報を鵜呑みにせず、本当に自分に合った食事を探すこともアヒムサーにつながります。


例として、ビーガン食を行っている友人の話を紹介します。

彼女はビーガン生活を始めて数カ月は、非常に調子が良いと思っていました。しかし、次第にエネルギー不足を感じるようになり、体調が優れない日が増えていったそうです。当時の日本にはビーガンレストランがほとんどなかったため外食ができず、友人からの食事の誘いもほとんど断ってしまい、孤立を感じるようになりました。当時は、自分に対しても他人に対しても厳しい性格になっていたそうです。

数年後、彼女は友人と食事の時間を共有したいという理由で、「人と一緒の場合はビーガン食にこだわらなくても良い」と決めました。それから性格も明るく優しくなり、体調も良くなったといいます。

彼女の場合は、おそらく体質的に少量の動物性食品を摂ったほうが、調子が良いようでした。さらに、友人とのコミュニケーションの時間も、心身のバランスのために重要だったのだと思います。

一方で、同じビーガンでも、すごく楽しんで生活している友人もいます。彼らは、さまざまなビーガンスイーツを作って自宅で友人を呼んで楽しんでいますし、肌色も良く、いつもイキイキとしています。脂質や糖質も積極的に摂るので、痩せすぎたり肌が荒れたりもしません。

このように、同じ食事法でも人それぞれ違う身体をもっているため効果が違います。他人や世間が良いと言っている食事法が自分に合うとは限らないのです。

大切なことは何を食べるかではなく、自分に何が合っているのかをじっくりと観察することです。

そうやって自分と向き合うことがアヒムサーの第一歩と言えるでしょう。

食事の選択もヨガの練習の一部です。身体が不快に感じる食品を口にしないこともアヒムサーの一環です。

瞬間的に美味しいと感じやすいファストフードなどではなく、じっくりと味を噛みしめて本当に美味しいと思えるものや、食べた後に身体の調子が良くなったと感じられる食べ物を探してみましょう。ヨガの練習はいつでも自分を知る練習です。

自分を傷つけない＝楽を選ぶではない

アヒムサー（非暴力）は他人だけでなく、自分に対しても傷つけない意識をもつことです。

しかし、自分を傷つけないようにするとき、多くの人が勘違いしがちなのは、「自分を大切にしたいから、嫌なことはやらない」という考え方です。

ヨガに限らず、何かを成し遂げたいと思ったときに、必ず障害になるのが「怠慢さ」です。

例えば、毎日30分の瞑想をしようと決心したとします。

しかし、人間の心は習慣を変えることを嫌い、決めた時間になると面倒に感じてしまいます。「今日は疲れているのに、睡眠時間を削って瞑想をするのは逆に不健康」などの言い訳が思いついてしまいます。

そして、瞑想をやらなかった結果、翌日必ず後悔をしてしまいます。


ヨガでは、成功のためには「繰り返しの実践」が必要とされています。

目標を達成するための努力は、その瞬間は苦しいと感じるかもしれませんが、成功を求めるための行動であるのなら、自分自身にとって本質的に良い行為です。


何がアヒムサーであるのかを考えるときには、本当にそれが自分にとって快適な行為なのか、不快を与える行為なのかを熟考する必要があります。

自分自身で「○○を達成したい」と決心し、そのための実践を行うことは本質的に自身の快適さにつながる良い行為です。

一方で、自分にとって快適なことが、他の人にとっても快適だとは限りません。本人の望まない努力を「あなたのためになるから」と信じて勧めても、相手にとっては苦痛になる場合があります。

何がアヒムサー（非暴力）で、何がヒンサー（暴力）かの判断はとても難しく、客観的な観察力が必要となります。日常からアヒムサーを意識することで、考え方や行動が大きく変わることでしょう。

今日から始められるアヒムサー（非暴力）のヒント

「暴力を避けよう」と言われても、何から始めていいかピンと来にくい人もいることでしょう。

すでにご説明した通り、アヒムサー（非暴力）は、自分が行っている無意識の暴力に気がつくことが実践につながります。

実践例をご紹介しますので、日々の生活に取り入れてみてください。

【アヒムサーの実践①　暴飲暴食を避けよう】

アヒムサーを学んだ多くの方が、自分自身に対する物理的な暴力としてよく挙げてくださるのが、暴飲暴食です。

外食などでは料理を頼みすぎてしまうことがありますが、食べきれない物を「捨てるのが勿体ないから」と無理に食べることは、自分の身体をゴミ箱の代わりにするようなもの。これでは本末転倒です。自分自身への暴力に気がつくという意味でも、食べ物を粗末にしないという意味でも、適切な量を考えて食べることが大切です。

【アヒムサーの実践②　睡眠不足や過労の原因を見直そう】

睡眠不足や過労も、自分自身への暴力です。過度な寝不足や過労だけでなく、日常的な少しの寝不足などが積もって心身の負担になっていることもあります。「つい寝る前にスマートフォンを見続けてしまった結果、睡眠不足になりがち」などの、日常的な習慣から見直してみましょう。

【アヒムサーの実践③　言葉の伝え方や言い回しに気をつけよう】

他人に対する言葉の暴力についても意識してみましょう。

自分の発言を省みて、無意識に発している言葉が否定的であったり、棘（とげ）があったりすると気がつく方もいると思います。

同じことを伝えるのでも、ちょっと言い回しを変えるだけで印象が大きく変わることもあります。思ったままに口にするのではなく、相手がどう感じるかを考えてから、言葉にする癖をつけられるよう意識してみましょう。

アヒムサーはとても身近なヨガの教えです。誰でも今すぐ始めることができ、効果も感じやすいものです。

小さいことからアヒムサーを意識してみると、人に優しい思考の習慣が育まれていきます。

心が変わることによって行動が変わり、人生が変わります。自分も周囲も快適な状態に変化していくと良いですね。

幸せを感じたければ、サントーシャ（知足）を身につけよう

幸せの第一歩はすでに満ち足りていることに気づくこと

「サントーシャ（知足）からは幸福が訪れる」（ヨガ・スートラ2章42節）

苦しみは執着から生まれてきます。
現在の状況に意識を向け、すでに満ち足りている状態だと知ることで、大きな幸福を手に入れることができます。

人は「〇〇が足りていない」と思うと、意識がそこに集中してしまい、すでに与えられていることに気がつかなくなってしまいます。

例えば、両親が健在でいれば、それが当たり前になってしまい感謝を忘れがちです。親が亡くなってしまったときに、初めてその有難さに気がつくかもしれません。普段から両親と口喧嘩が多い関係であったり、あまり会話をしない関係であったりすると、急に「感謝をしよう！」と思っても難しいでしょう。どうしても人間の心は目の前で起きていることに集中してしまうため、目の前の両親が不機嫌そうにしていると、それに合わせた対応をしてしまうからです。

そんなとき、私たちに必要なのは客観的な視点です。客観的な視点は、日常生活にもっと丁寧に意識を向けることで身につきます。

意識を今に向け、観察力を上げると幸せを自覚しやすくなる

マインドフルネスという言葉が広く受け入れられるようになりましたが、意識を「今」に向ける方法はとても効果的です。

私たちの悩みのほとんどは、過去の記憶や未来への不安です。

人間関係などの悩みは、一度悩み始めたら止まらないかもしれませんが、生活を丁寧に生きることも忘れてはいけません。

人間は日常生活のほとんどの行動を無意識の習慣で行うことができます。ご飯を食べるときは箸を無意識に使えますし、言葉も深く考えなくても出てきます。歩くことにも、呼吸にも、ほとんど意識を向けたことがないでしょう。

例えば、無意識に行い過ぎて忘れている、食事の味。

特に忙しいときほど、無意識に食べてしまいますが、味覚や歯ごたえを丁寧に観察してみてください。本来は、きちんと咀嚼をして丁寧に味わうべきです。

次に、現在行っている呼吸はどうでしょうか？

緊張状態が続いていると、とても浅い呼吸になっていることがあります。それに気がついて呼吸が深まると、精神が落ち着きます。

さらに、立ち方や座り方も観察してみてください。姿勢が良くなると、ポジティブさが増します。

本当に小さな、日常の一コマに意識を向けて観察すると、不思議と幸せな気持ちになることがあります。一見騒がしく見える世界の中で、自分の呼吸に意識を向けて、内側の静けさを感じてみましょう。その静けさこそが、一番の幸せです。

野菜の素材の味、コットンシャツの肌触り、気を流す風や、夜空の澄んだ空気。そうした見逃しがちな日常に目を向け、その幸せを感じてください。

日常の中で、ほんの3分ずつでも良いので、思考を止めてそれらを感じてみましょう。すでにあるものに対して幸せを感じる習慣ができるようになると、無いものへの欲が自然と薄まると思います。

ほとんどの欲は、「足りない」という心の枯渇感を埋めようとすることで起こります。「すでに足りている」ことに意識を向けることができると、心の隙間が埋まり、たとえ物質的に他者に劣っていても不安を感じなくなります。

物質的な欲には終わりがありません。欲は、常に自分は満たされていないという不幸な感情につながります。

何かを成し遂げるためのポジティブな目標を持つことは良いことですが、たとえ達成できても、思った結果と違っても、すでに自身は満たされていることは心に留めておくべきでしょう。

ヨガの知識（ギャーナ）を実践（カルマ）に取り入れよう

ヨガとは実践する哲学です。

頭でっかちではダメで、実践に生かすことが大切です。

ハタヨガ・プラディーピカには、

「成功は実践する人にのみ結びつく。実践なくして、どうして成功が訪れよう。ヨガの教本を読んでいるだけでは成功を手にすることはできない」

と書かれています。

ヨガはインドのシャットダルシャン（六大哲学）の一つですが、「実践する哲学」であり、「実践のともなわない知識」も「知識に基づかない実践」も無意味なものとされています。

インドの哲学は、常に実践と知識が一対になっています。

ヨガの実践と知識、どちらが欠けてもいけない

ヨガの哲学とは、どのように実践するかを学ぶ哲学です。

実践とは、ヨガの修業（ポーズや呼吸法など）を行うことだけではありません。食事を食べる、考える、働く、歩く、会話するなど、人間が生み出す行為（カルマ）全てです。本を読んで真実を知った気になったり、幸福が何かを学んだ気になったりしても、それだけでは不十分です。学んだことを活かして初めて意味があります。

また、知識のない行為（カルマ）にも全く意味がありません。

ヨガのポーズを練習するとしても、ポーズの完成を目的にしている場合はヨガではありません。それはエクササイズです。

例えば、開脚のポーズを練習するとします。

正しくヨガを理解している人は、身体と意識と呼吸をつないで、自身を観察しながらポーズを行います。「行為（実践）」自体が目的であり、その結果が目的でないため、その日の身体のコンデションや気候によってポーズの完成度が違っても、一喜一憂せずに受け入れます。結果、ポーズの心地良さを感じることができ、身体にも良い効果があり、練習を続けることで開脚が深まります。

しかし、ヨガの知識の無い人は行為の結果を目的とします。開脚でより広く足を広げることを目的とするため、身体が痛いと感じていても無理をしてしまうかもしれません。結果、身体を痛めるなど逆効果を招くことがあります。

また、ポーズが上手くできれば喜びを感じますが、周りの人よりもできなかったときは嫉妬心を抱き、一度できるようになると執着が深まるため、できなくなったときに自己嫌悪に陥ってしまうこともあります。

このように同じ行いをしても、ヨガの知識の有無で結果が変わってしまいます。心地良さを手に入れる場合と、苦しみが増す場合との違いは、知識や考え方の違いにあるのです。

インドで行われているカルマ・ヨガとは？

さきほど、「ポーズの完成を目的にしているのは、ヨガではなくエクササイズ」と書きましたが、そもそもヨガのポーズを練習すること＝ヨガではありません。ポーズの練習はヨガのほんの一部です。

ヨガ発祥の地インドでは、どんなことでもヨガになると考えられます。
その中には、日常の仕事や家事も含まれます。

インドにはヨガアシュラムと呼ばれる住み込みのヨガ道場が数多くあります。多くのアシュラムで、修行僧はカルマ・ヨガを行います。カルマ・ヨガでは、それぞれの生徒に仕事が与えられます。床掃除、洗濯、炊事、皿洗い、洗濯、家畜の世話、農作業。生徒たちは、修行の一環として、これらの仕事を実践します。

これらの仕事も、どのように行うかが大切です。良い行いであっても、結果を目的とした行為はカルマ・ヨガではありません。

本来自分自身を磨くためのヨガであるのに、「周りの人に褒められたい」など、結果を求めて行えば、いつまでも結果への執着から解放されません。向き合い方を間違ってしまうと、「私のほうが頑張っているのに評価されない」などの妄想を生み出します。

人の心はコントロールしにくく、知識を学んでいても、間違った思考が生まれてしまいます。

大切なのは、その思考も責めずに受け入れて観察を続けることです。

自分の心にさえ執着せずに、客観的に観察しましょう。毎日同じ仕事を繰り返し行い、そのときに生まれてきた、さまざまな感情を受け入れて観察を続けることが大切です。

結果に執着せずに行為を行うことができるようになると、私たちはカルマ（業）から解放されます。カルマから心が解放されると、私たちは本来の純粋な幸せに満たされて、周囲の出来事に惑わされなくなります。

インドのアシュラムで行われているカルマ・ヨガの実践内容は、人間が生きていくための当然の行いばかりです。私たちが想像するような特別な修行ではありません。

私たちも、家族のための家事、会社のための労働、自分の身体を整えるための運動など、当たり前の日常生活の中にある良い行いを、自分のヨガの練習として実践してみましょう。

ヨガとしての行いとは、結果を目的としない行為です。その時々の瞬間に意識を向けて、物理的な変化も、自身の感情の変化も全て観察して受け入れます。

途中でネガティブな思考が生まれてしまうことも必ずありますが、それもプロセスの一部です。コントロールできない思考の動きを知ることも、私たちの心をコントロールするための第一歩になります。

カルマ・ヨガとは、全ての人が行うことのできる、生活の中のヨガなのです。

~ひと息コラム~

祈りは個人的なもの

インドの首都デリーで、インド音楽の師匠の家に何年間か住み込み弟子をしていたことがあります。ヨガや神様が大好きな私は、お寺巡りや聖地巡礼に行きたくてうずうずしていました。しかし、私の師匠は外に出ることが好きでない人でした。大きなお祭りがあっても、どこかのお寺に行くことはありません。

私がヒマラヤの聖地巡礼に行こうとしたときにも止められました。本当に、どうして私が行きたがるのか分からないようで、師匠はこう言いました。

「神はお寺にいるわけではない。どこにでも満ちあふれていて、この瞬間も神と共にいるのだから、どこかに行く必要はない」

師匠の家に住み込み弟子をしていたときからずっと、今に至るまで、師匠が一貫していることがあります。それは、毎日の祈りは、一人で行うということです。

師匠の家では、朝起きる時間がみんな違います。それぞれ起きて、朝食前に家の中のお寺に行き、神様の前に座ります。何を唱えているのかは誰も教えてくれません。静かに、一人で祈りを捧げています。

インド音楽の演奏ツアーに行くときにも、車の中で師匠が急に静かになることがあります。それは、祈りの時間です。全員が決まった儀式を行うわけでもなく、人に見せるわけでもなく、静かに神様との対話を行います。それは、とても神聖な瞬間に感じます。

昔、ある聖者の本を読みました。
「バラモン（聖職者）にとって、お寺の司祭であることは誇れることではない。なぜなら、本来神への祈りはとても個人的なものであり、大きなお寺を作ったり、多くの人で集まって見せびらかしたりするものではないからだ」と書いてありました。その言葉を読んだとき、とても胸に響いて感動したことを覚えています。

現在私は、インドの経済都市ムンバイに住んでいます。本当に誰もが金融資産の話ばかりをしています。そんな都会の生活に疲れたときに、師匠に質問をしました。
「自分をリセットするために、どこか美しい、神聖な空気が流れる場所に行きたいです。どこが良いでしょう？」

「今、ここ」

それ以上の言葉は必要ありませんでした。
自分がそれに気がつけるか、それだけなのですね。

第五章

ヨガが教えてくれる自然体の幸せ

苦しみの生まれる原因を知る

第五章では、ヨガ的な価値観についてもう少し踏み込んでお話しします。まず前提として、ヨガの考えは足し算ではなく引き算だということを押さえておきましょう。古典ヨガは、「今より幸せになる」メソッドではなく、「人生の苦しみを手放す」ことがメインテーマです。それを理解することで、ヨガ的な思考への理解が深まってきます。

苦しみとどうやって向き合い、どうやって手放すか

ヨガは、その生まれた歴史を考えると、決してポジティブな理由で生まれたメソッドではありません。ヨガが生まれた3千年以上前の古代インドは生きることさえ難しかった時代でした。王族の権力争いでたくさんの人が亡くなり、同時に飢饉や自然災害もありました。そんな中でどうやって生きていくかを考え、苦しみとの向き合い方や手放し

方を探究してきたメソッドなのです。

生きることが楽ではないのは、現代でも変わりません。夏のインド首都デリーでは50℃近くまで気温が上がり、多くの人が亡くなります。安全な飲み水やきれいな空気さえ手に入れることが難しい環境で、多くの人が生活しています。生きることの大変さを実感させられるのがインドです。

では、インドより恵まれた環境である日本で生まれてきたら、それだけで幸運なのでしょうか。

他国から羨まれる日本の環境であっても、実際には生き苦しさを感じる人が多いです。「世界には飢餓で亡くなる人だっているのだから、食べ物があって安全な日本に生まれたことに感謝しなさい」と言われても、そう簡単にはいかないのが現実でしょう。

私たちは生きている間、必ず苦しみに出会います。病や死などの肉体的な苦痛から、人間関係の悩み、大切な人との別れ、社会的な問題まで、苦しみの原因は必ず存在し避けることができません。

古代から人々は、人生の苦しみに対してどのように向き合ってきたのでしょうか。世界中の宗教は、人の苦しみを取り去るために生まれました。宗教と同じく、ヨガも生きる苦しみから解放されるために生まれました。どちらも、苦しいと感じる人を救うために存在しています。

しかし、ヨガのアプローチが多くの宗教と違ったのは、解決策を自分の内側に求めたことです。

宗教の場合は、神などの特別な存在に祈ります。祈りや願いの内容は、豊作や子宝、金運や健康などが代表的です。宗教においては、幸運を与えてくれるのも、罰を与えるのも、自分ではない何らかの超越的な存在です。

それに対してヨガは、自分自身で苦しみから解放されるようにアプローチします。

第四章で紹介したカルマ（業）のしくみに従い、自分の人生は自分の行動が作り上げると考えるため、神頼みではなく自分の行いを変えることで苦しみを取り去ろうとします。

しかし、どれだけ良い行いをしても、老いや死、自然災害など、私たちには絶対に避けられない苦しみがあります。

そんな誰も避けられない苦しみに対しても、ヨガでは物事の見方を変えることによって解消できると考えます。

苦しみは執着から生まれる

苦しみを消し去るためには、そもそも苦しみが何かを理解する必要があります。

苦しみの本質とは何でしょうか？

ヨガでは、「執着」や「依存」こそ、苦しみを作り出す根源だと考えます。

ヨガの教典で説明されている苦しみの生まれるプロセスは、現代の私たちにも当てはまるものです。

教典バガヴァッド・ギーターの有名な言葉を紹介しましょう。

「対象とするものを強く思うとき、人はその対象に対しての執着を抱く。その執着は欲望を生む。欲望は怒りを生む」（バガヴァッド・ギーター2章62節）

「怒りにより妄想が生まれる。妄想は記憶を惑わし、知性が失われる。知性が失われると、その人は破滅に向かう」（バガヴァッド・ギーター2章63節）

この教えがどういうことか、簡単にまとめると次の順番になります。

愛→執着→欲望→怒り→迷妄《めいもう》（迷いや妄想）→記憶の混乱→知性の喪失→破滅

身近な悩みとして、これを恋人への執着に例えてみましょう。

愛：私は彼のことを強く想っている。

執着：私の恋人になって欲しい。私の人生にずっといて欲しい。
欲望：私を愛して欲しい。休みの日は優先して私と会って欲しい。
怒り：私は彼のことばかり考えて尽くしてあげているのに、彼は私のことを考えてくれない。憎い。
迷妄：彼は他の女に惑わされているに違いない。他の女と浮気をして、裏で私を馬鹿にしているに違いない。
記憶の混乱：あのときも怪しかった。ずっと私は騙されていた。
知性の喪失：許せない。私と同じくらい苦しんで欲しい。
破滅：愛しているのに別れてしまった。

「愛」という本来幸せな感情さえ、「執着」と組み合わさったときから憎悪や苦しみ、人によっては殺意にまで変わります。
執着と組み合わさった愛を「貪愛《とんあい》」と呼びます。執着のある愛とは「私のもの」という所有の感情と関係しています。

自分への強い執着が自責の念や嫉妬心を生むこともある

この執着は、他人だけでなく、自分自身にも向きます。

例えば、ヨガのクラスで難しいポーズに挑戦するとします。「難しいポーズができるようになりたい」というのは、純粋に挑戦したいという動機であれば良いですが、自分が他者より劣っていることが許せない感情が動機になっている場合があります。それは自分への執着が強い状態です。

その結果、できない自分を責めたり、執着のあまり無理な練習をして怪我をしたり、できる相手への嫉妬心を生みます。

実際に、ヨガを通して悩んでしまう生徒にもたくさん出会いました。

ヨガの聖地リシケシで養成講座を受けていたとき、いつもグループをまとめてくれていたアメリカ人のクラスメイトがいました。彼はアメリカで何年かヨガインストラクターをしてからインドに来たため、自分が他の生徒よりできる存在でありたいと思う気持ちが人一倍強い人でした。

彼はできないポーズがあると、悔しいと思う気持ちが強く、そのポーズに集中して練習をしていました。その結果、約1カ月後には足の痛みが強くなり、練習に参加できなくなってしまいました。先生はいつも「呼吸が上手くできないほど無理をするな」と指導していましたが、難しいポーズを早くできるようになりたいという気持ちが強かったようです。

ヨガは健康に良いものですが、やり過ぎは逆効果です。

現在彼は、ケガを避けるためのアライメントを勉強して指導を続けています。失敗が学びにつながることもありますが、できれば怪我は避けたいものです。

私たちの苦しみの多くは、執着や渇望から生まれることを自覚しましょう。「愛」などの感情を含め、何かを所有することへの執着から解放されると、とたんに気持ちが解放されます。

気持ちが解放されると心に余裕をもつことができ、恋愛などの人間関係でも、相手を追い詰めない幸せな愛し方ができるようになるでしょう。もちろん、他人に対してだけでなく、自分自身に対する執着も弱めることで、自然と自分を愛することができます。

足し算より引き算の価値観

私がヨガ哲学で最も好きな考え方のひとつが、「引き算」を意識することです。常に何かを足し続けることを目標にすると、疲弊して息切れを起こしてしまうことがあります。それよりも、自分にとって不要なものを手放していくことのほうがヨガでは大切だと考えます。

引くことは失うことではありません。何かを手放すことで人生に余裕ができ、新しい何かを受け入れる準備が整います。

以前、ヨガ哲学の授業を受けているときに先生が言いました。

「みんなでヨガとは何かを考えてみよう」

クラスにはあらゆる国籍の人がいました。異なる文化背景をもつ人が集まり、ヨガという共通のテーマで意見交換できるのは興味深い時間でした。
そのクラスの中で、「ヨガ（東洋思想）と西洋思想の違い」というテーマでディスカッションが始まりました。さまざまな意見が出たところで、先生が大きな違いを一つ提示してくれました。

「西洋は何かを足す価値観。一方でヨガは、何かを捨てる引き算の価値観」

ヨガは引くことなのだという定義はとても興味深く、さまざまな場面で応用できます。続けて先生は、「引き算」という価値観は、時代的にも世界全体が必要としている重要な考え方だと話してくれました。

その内容を要約してご紹介します。

第二次世界大戦後、世界中の多くの国で、人々は何かを足すことに必死になってきました。住む場所や充分な食料がなかった時代には、足すことは人生の目的になっていたことでしょう。半世紀以上にわたって人々は富と便利さを求めてきました。世界中で同じように豊かさを求めて、科学が進歩し、あらゆる物質的な富が手に入りました。

その結果、本当に人々は幸せになったのでしょうか？

数十年前の人々が「こんな生活だといいいな、こんなものが欲しいな」と想像をふくらませ夢見ていた世界が手に入ったにもかかわらず、人々はいまだに苦しみ続けています。

そして今、人々は新しい問いを見つけました。

「本当に足すことは幸せなのだろうか？」

例えば食について考えてみましょう。

生物にとって、毎日安全な食べ物を十分に得ることは、生きる上で最も重要な課題です。食料が十分に得られなかった時代の人にとって、毎日好きなものが食べられる生活は夢のような環境でしょう。

一方で現代の私たちはどうでしょうか。「飽食の時代」と呼ばれて数十年が経ちますが、カロリーの高い食事を好きなだけ食べられる社会になったことで、多くの人が生活習慣病や肥満に苦しんでいます。そして「食べる量を減らしたいのにできない」と悩み苦しんでいます。

食事だけではありません。電子機器について考えても、「もっと便利に」と追求した結果、今ではあらゆることがスマートフォンで叶うようになりました。遠く離れた人と顔を見て会話ができるなんて、魔法のように素晴らしいことです。

ところが、人々は休暇の最中さえも仕事の電話の対応をしなくてはならず、自宅で休んでいても落ち着かなくなってしまいました。今より不便だった時代には許された多少の遅れが許されず、誰もがいつでも連絡を取れる状態を求められ余裕を失っています。

便利になったことが悪いわけではありません。

私たちは盲目的に、何かを得ることが良いことだと考え、足し算の価値観で進歩してきましたが、その価値観自体を見直すときが来ています。

何が自分にとって大切なのか、どれだけ必要なのか、自分自身で考えることが大切です。不要なものを手放したときに、自分にとって本当に大切なものが見えてきます。

徹底した引き算「アパリグラハ（無所有）」を実践する修行僧

「ヨガは引き算」という考えは、実践的な修行の一部として古代から伝わっています。それが、教典ヨガ・スートラで説かれているアパリグラハ（無所有）です。

アパリグラハ（無所有）とは、「あらゆるものを所有しない」という実践です。

インドを訪れると、今でも多くの出家僧に出会うことができます。

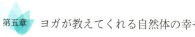

私がインドにきて間もない頃、彼らの行っているヨガに興味があり、積極的に交流を深めていました。といっても、多くの出家僧たちは英語を話すことができず、身振り手振りのコミュニケーションが中心です。

しかし、それがとても良かったのです。安易に言葉で聞くより、どのような生き方をしているのかを時間をかけて直に感じることができました。

インドでは、出家して各地を放浪している修行者たちのことを、ババと呼んでいました。例えば全裸で生活するババのことはナガババ（裸のババ）と呼びます。

彼らはとにかく物を所有しません。私が親しくなった若いババの衣服は、腰に巻いている一枚の布のみ。斜めがけのバッグをいつも持っていますが、その中には財布もありません。現代を生きる多くのババは携帯電話を持っていますが、それ以外にはマーラー（数珠）、神様や信仰する聖者の写真が一枚、非常に小さな教典の本一冊、それくらいしか持ち歩いていませんでした。

寒くなる地方では、ババは大きなストールを肩にかけて歩いていて、夜はそれを掛け布団にして寝ていました。托鉢用のステンレスの器は誰もが持っていました。お金は持っていません。本物の修行僧たちは財産を所有していないため、公共交通機関は暗黙の了解で無賃乗車をしますし、食事は托鉢です。チャーイー（お茶）屋にくれば、その場にいた誰かがババたちの分まで当然のように支払います。

私に彼らと同じ出家僧の生活はできませんが、毎日やるべきこともなく、あらゆる束縛から逃れて、目の前のことを感じられる余裕はとても羨ましいと感じました。

断捨離も引き算の価値観で考えよう

ババのような徹底した無所有は現代社会の中では無理でしょう。しかし、世界中で所有物を減らすという価値観が広まってきています。断捨離という言葉の流行はまさにそうです。

服の断捨離について、引き算の価値観やアパリグラハ（無所有）をもとに考えてみましょう。

ついセールのときに「安いから、お得だから」と買った大量の洋服たちは、クローゼットのスペースを圧迫して散らかり、頭痛の種になりがちです。たくさん洋服を持っているのに、毎日着るものが見つからない。そう感じるから、また新しく買い足してしまう。

そんな経験は多くの人がおもちでしょう。

また、着ようと思っても散らかったクローゼットの中でシワができていて、アイロンをかけなくては着られない、というのもあるあるです。結局、その手間が面倒で、シワがあるままでクローゼットの中に逆戻りです。

では、ちゃんと選んで必要最低限の大切な洋服を買っている人はどうでしょうか。

少ない数の洋服しか所有していなくても、毎日納得した洋服を着ることができます。数が少ないからこそ、洋服の状態にも意識が向きます。少ない数であれば、散らかってシワになることも少ないでしょう。結果、最低限の洋服しか持っていなくても、日々の満足度は上がります。

このように、アパリグラハ（無所有）はどんなものにも応用できます。

まずは、自宅にあるものが本当に必要かを考え直してみましょう。

私は、インドに来てから所有物がとても減りました。

減らした結果、必要なものと不要な物が見えてきました。例えば、首都デリーで生活していた数年間は、洗濯機を使わずに毎日手洗いしていました。極端に節約をしていた頃は、冷蔵庫もエアコンも使っていませんでした。

一旦、修行僧のような生活を経験してみた結果、「持たない」という選択肢が一つ増えました。

テレビは必要ない、沢山の化粧品も必要ない、炊飯器も無くていいと、自分にとって不要なものがたくさん見えてきました。

今ではエアコンも洗濯機も使いますが、無くても生きられることが分かっているだけで心の重荷が減るのを感じます。

たくさんのものがあると、それだけ心労が増えます。

自分にとって何が必要で何が不要か、定期的に見直す時間をもちたいですね。

自分自身のアイデンティティの断捨離

ヨガでは心のアパリグラハも行ないます。ここまでは実際に物を減らす実践について書きましたが、次は心の中の不要なものを見直してみましょう。

心の断捨離とは一体なんなのでしょうか。

ヨガの瞑想ではあらゆる思考を止めていきますが、特に手放すべきなのはアイデンティと呼ばれるものです。

一般的にアイデンティティの形成は、人の成長過程でとても大切なものだと考えられています。しかしヨガ的には不要です。なぜなら、アイデンティティへの執着は、大きな苦しみの原因であるからです。

人生は常に変化していくものであり、その中でアイデンティティに執着しすぎることは、ときに悩みや苦しみの原因になります。

身近な話として、仕事とアイデンティティについて考えてみましょう。

仕事を続けていると、自分の能力や経験が蓄積され、そこでできることが仕事上のアイデンティティとなっていきます。もちろんそれは素晴らしいことですが、一方で、できなくなっていくこともあります。若い頃には長時間無理をして働くことも、新しいアイディアを次々生み出すこともできたのに、ある時期からそれを難しく感じてしまうことは誰にでも起こります。

身体能力がパフォーマンスに大きく影響するスポーツ選手は、多くの場合キャリアのピークが20代におとずれますが、知的分野にも年齢的なピークはあると言われています。金融関係、医師、作家などの職業でも能力のピークは30代～40代と言われており、加齢により一部の能力が減退することは否めません。年齢によって能力が衰え始めると、それまでとは違う働き方を考える必要も出てきます。

今まで築いてきた自分のイメージ通りのパフォーマンスができなくなり、仕事などでのアイデンティティが揺らいだとき、どれだけ潔く変化を受け入れられるかが、苦しみを手放す鍵です。

また、加齢だけでなく、進学や就職、転職、結婚、育児、親の介護などによる環境の変化によっても、これまで築いてきた自分とは別の役割やイメージを求められることがあります。

加齢や環境の変化で今までのパフォーマンスが発揮できなくなったとき、それまでの自分のイメージに固執することは危険です。そうした際に、どのように変化を受け入れ、今までのアイデンティティを手放していけばよいのでしょうか。

人生のステージよって与えられる役割は違うため、そのたびに新しい自分像を見つけ出すことが大切です。人生の変化をどうやって受け入れていくかについて、インドのアーシュラマ（四住期）という考え方から学んでみましょう。

人生の四住期で考えるアイデンティティの変化

インドでは人生を4つの段階に分け、それをアーシュラマ（四住期）と呼びます。

人生には必ず変化があり、その都度自分の生き方を見直す必要があるという考え方です。

【1】学生期（ブラフマチャリヤ）：学ぶことに専念する期間
【2】家住期（ガールハスティヤ）：社会への感謝と奉仕を行う期間
【3】林住期（ヴァーナプラスタ）：第一線を離れて、若い世代に繋ぐ期間
【4】遊行期（サンニヤーサ）：自分と向き合い、死への準備を行う期間

インドでは人生を１００年と考え、四住期はそれぞれ25年と考えます。

私たちの人生に当てはめて考えてみましょう。

【学生期の変化】

学生期の終わりから家住期にかけての時期です。学生から社会人になるとき、多くの人はアイデンティティを一度見失ってしまいます。社会に出て仕事をし始めると、学生時代の経験や知識だけでは通用しないことが多く、価値観に変化が起きるからです。

【家住期の変化】

家住期は仕事や家事、育児などを通して社会に奉仕していく期間ですが、家住期の終わりも人生の大きな節目です。例えば子育てに区切りがついたとき、今まで子供のために注いできた時間を持て余し、生き甲斐を一旦見失ってしまうかもしれません。また、仕事ではまだまだ現役の世代ですが、会社の中の立場が変わってくることが多いのも、家住期の終わり頃の特徴です。

【林住期の変化】

林住期は、斬新なアイディアが生まれにくくなる代わりに総括的な視野が広くなる傾向があります。前述した加齢や環境の変化によって、自分自身も変わらざるを得なくなるのが、正にこの時期だと言えるしょう。

例えば、管理職や人にアドバイスをする立場に変わっていく人が多いです。欧米では、ビジネスマンとして活躍した人が、次のキャリアとして大学教授などの人を教える仕事に就くケースがありますが、これも林住期的な変化の例と言えます。インドでは、歳をとって林住期に入ると表舞台に出なくなったり、郊外の静かな場所に移住したりする文化があります。日本のご隠居のイメージですね。

こうした形で自分は第一線を退き、若い人の相談に乗りながら、ゆったりと過ごすように変わっていくのが林住期の特徴です。

【遊行期の変化】

最後の遊行期は自分のための時間です。インドには出家という文化があります。出家してサドゥーと呼ばれる修行僧になるときには、法的には死んだことになります。また、名前も変えて完全に今までの人生を切り離します。

この時間は、自分自身に向き合うことを楽しみます。ヨガをしたり、聖地巡礼を行ったりする修行僧も多いです。日本でも定年後にお遍路に出る人がいますが、世界中に同じような文化があります。社会や家族へのしがらみを手放し、本当に自分の好きなことを見つけられる時期が遊行期です。

今に意識を向け、過去のアイデンティティへの執着を手放す

このように、人生の中では何度も立場や役割が変わるタイミングがあります。誰でも人生の中で大きな変革期を何度も迎えます。その都度自分のアイデンティティの見直しが必要です。

昔の自分へのイメージに執着していると、現実とのギャップに苦しむことになります。そんなときにもヨガの教えを取り入れてみましょう。

ヨガはあらゆる執着を手放す練習です。執着を手放す方法はたった一つで、今この瞬間に与えられたことを味わい、楽しむことです。現代的な言葉で言えば、「マインドフルネス」にある状態が意識を変えてくれます。

人生の中で転換期を迎えた際にも、過去の自分のトラウマや、若い頃の栄光ばかりを意識するのではなく、今目の前にある世界や、今の自分ができることに目を向けてみましょう。そうすれば自然と過去のアイデンティティへの執着が弱まっていきます。

しかし、「今に意識を向け、楽しむ」と言われてもなかなか難しいものです。

まずは、ヨガのアーサナ（ポーズ）の練習をしながら、自分のリアルな身体と向き合う時間や、瞑想をしながら自分の心の動きに向き合う時間などをつくり、自分自身とゆっくり向き合ってみましょう。

時間や余裕がない場合は、ヨガの練習や瞑想でなくても、日常の中で今の自分の心と身体に向き合ってみましょう。例えば、食事をしっかりと味わって食べる、丁寧に部屋を掃除するなど、日常の細かなことに目を向けてマインドフルネスを意識して生きることも、ヨガの実践になります。

そうした時間を意識して積み重ねていくと、人生の大きな変革期が訪れた際にも、その都度アイデンティティを見直し、変化していくことを受け入れやすくなっていきます。

過去でも未来でもなく、今を楽しむことを意識して生活してみましょう。

アイデンティティへの囚われを手放し、変化に翻弄されない安定した自分を見つけていきたいですね。

ヨガで死への恐怖を手放す

西洋哲学が「生」に意識を向けているのに対して、東洋哲学の多くが「死」について考えています。現代社会では死について考える機会がほとんどないので、「良い死に方をするためのメソッド」といわれてもピンとこないと思います。

ヨガが生まれた時代は「死」というものがもっと身近な存在であったため、「死」について考えることは避けられなかったのでしょう。ヨガ・スートラにも、「聖者でさえ死への恐怖を手放すのは難しい」と書かれています。

普段は考えることがなくても、身近な人の死などで、私たちの人生では死に向き合う機会が急に訪れます。そんなときに、どう受け止めたらよいのか分からないと大きな苦痛となります。

ヨガの練習では、積極的に死に向き合うことで、死を受け入れる準備をします。

また、「生」と「死」さえも平等であることを知ると、私たちの心は安定して穏やかな状態になります。死と向き合うことは、決してネガティブなことではなくて、生きている私たちにとって自然なことです。

心地よい死の疑似体験・シャバアーサナ（屍のポーズ）

多くのヨガの練習は、死の疑似体験と捉えることができます。

ヨガのクラスを受けたことがある人は、最後にシャバアーサナと呼ばれる仰向けで寝るポーズを経験したことがあると思います。シャバアーサナは「屍のポーズ」という意味です。

たくさんの種類のポーズを練習して存分に「生」を味わった後に、完全に弛緩した屍のポーズ（シャバアーサナ）に向かうのは、人生の流れに似ていないでしょうか。

ヨガは、シャバアーサナを目指して行われていると言っても過言ではありません。

しっかりと体に意識を向けて動いた後にこのポーズを行うと、完全に思考が止まる瞑想的な体験をすることがあります。また、自分の身体と外の境界線が曖昧になって、世界に溶け込むような体験をした人も多くいるでしょう。

ヨガを練習している人にシャバアーサナ（屍のポーズ）での感覚を聞くと、幽体離脱のように自分を外から観察している経験をしたという人や、体が重たく土の中に沈んでいく感覚を得たという人もいます。

思考が止まる体験、肉体が消える体験は「死」への疑似体験と言えます。

シャバアーサナで感じる寂静は、穏やかで幸せな、満たされているような感覚です。この疑似体験により、私たちは「無になる」ことを怖いと感じなくなります。

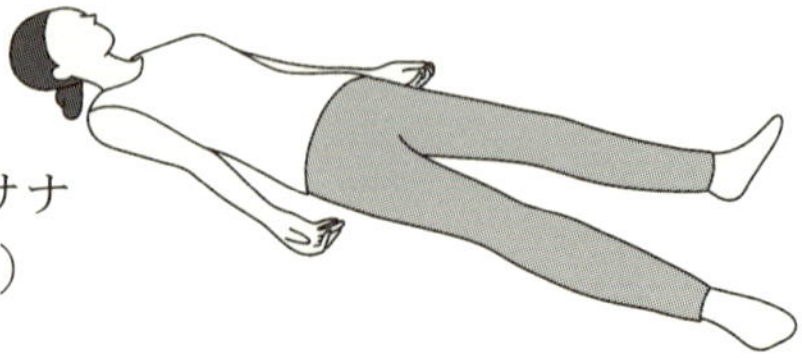

シャバアーサナ
（屍のポーズ）

プラーナーヤーマ（調気法）で気の流れと思考を止める

アーサナ（ポーズ）の次の段階で行うのはプラーナーヤーマ（調気法）です。

プラーナーヤーマでは息を止める練習をします。

教典ハタヨガ・プラディーピカには、「気が動くと思考が動く。気が動かないと思考も動かない」（ハタヨガ・プラディーピカ2章2節）と書かれており、心の働きを弱めるために呼吸をコントロールします。

私たちの肉体は生きている間、常に呼吸をしています。寝ているときでさえ無意識に呼吸を繰り返しています。呼吸が止まるときは、私たちの肉体が死ぬときです。それを故意的に体験するプラーナーヤーマも、先ほど紹介したシャバアーサナと同じく死への疑似体験と言えます。

初心者は、プラーナーヤーマの練習で恐怖感を感じることがあります。

本来、呼吸を制御することは生命の維持にとって良くないことであり、自然と体も反発します。身体が危険を感じ、速く呼吸をしようと反発するのです。

そのためプラーナーヤーマの練習は急に行うのではなく、毎日少しずつ時間をかけて練習しなくてはいけません。身体の危険信号に反発して呼吸を止めようとすると、ますます緊張状態になり、呼吸が速くなります。

正しい方法でプラーナーヤーマの練習を繰り返し行っていると、とても心地が良くて、いつまでも息を止めていたいと感じることがあります。そのとき、全く思考は働いていなく、自分自身も存在していないような静けさを感じます。

思考の動きが止まっているので「気持ちがいい」などの言葉で表現するのは難しいのですが、とても穏やかで心地良い体験です。その状態は、調気法の練習でも、瞑想の練習でも訪れます。

完全に思考が止まって、感覚もない状態。それが、私たち自身の核になるプルシャ（真我）の状態です。普段は決して止まらない思考の波で覆い隠されている、純粋な自分の本質です。

視力、聴力、触覚などの感覚や、あらゆる思考の働きから完全に開放された状態は、「死」とよく似ていますが、「完全な無」とは違います。夢も見ない深い眠りとも似ていますが、それとも違います。

ヨガの練習で「死」の状態に限りなく似ている体験をすると、恐怖心はなく、満ち足りた幸福感を感じます。だからこそ、ヨガをするとあらゆる未来への不安から解放されるのです。

気軽に始められるヨガ・ニードラ（眠りのヨガ）

瞑想などで完全に思考の止まった状態を経験するには、一定期間集中して練習する必要があります。毎日それだけの時間を費やすことができない人も多いと思います。

またプラーナーヤーマ（調気法）は、呼吸を止めるため危険をともないます。安易に自己流での実践を行うことはお勧めできません。代わりに、ヨガ・ニードラは安全に実践できる練習法としてお勧めです。

ヨガ・ニードラは、ヨガマットやベッドなどに仰向けになり、ガイドに従って身体の隅々に意識を向けていく練習です。深いリラクゼーション効果があり、科学的にも脳波がアルファー波とシータ波に保たれることから、疲労回復や免疫力の向上なども期待できます。

ヨガ・ニードラの練習用 音声ガイド

ヨガ・ニードラのクラスを受けられるヨガスタジオは多くないのですが、スマートフォンのアプリや無料で配信される動画のガイドに従って自宅でも練習できます。

ヨガ・ニードラも、死の体験にとても近いといわれています。ヨガ・ニードラの練習では、自分自身を少し離れた場所から観察します。それは、魂が身体を離れた状態によく似ています。

人間は自分自身の肉体に非常に強い執着があり、それにより心のコントロールが難しくなりますが、少し離れたところから観察する練習をすることで、自分を客観視する能力が身につきます。ときに、自分の思考さえ客観的に観察できます。

空間の中には、自分自身だけでなく、他の人がいたり家具などのものがあったりします。日常では自分を中心に見ている世界を全体的な空間と捉えますが、客観的に観察することで自分と他の存在を平等に見ることができるようになります。それはヨガの平等の境地と一致します。

死の疑似体験の効果

教典ヨガ・スートラには、「ヨガの練習によって、まだ起きていない未来の苦は取り除かれる」と書かれています。未来の苦というのは、人が最も恐れる「死」も含みます。

呼吸を止める、思考を止める、肉体から離れるなどの体験は、本来生きている間には経験しません。だから恐怖心を抱きます。

しかし、その状態の穏やかさを体験することで、まだ体験していない「死」への恐怖心を取り除くことができます。

それは、ヨガの練習によって自分自身の内側に、常に穏やかさが存在することを知ることができるからです。すると、外からさまざまな問題に遭遇しても、内側の穏やかさを忘れることなく、不安や恐怖に支配されなくなります。

深い瞑想の体験によって生と死を平等に捉えられるようになります。
終割のない穏やかな静寂の体験を求めて
古代から多くの旅行者がヒマラヤ山脈にこもって修行をしました。

自分の友は自分。自分の敵も自分

最後に、ヨガを通した自分自身との向き合い方についてお伝えします。すでに何度も書いた通り、ヨガの救いは他人から与えられるものではありません。ヨガは人生の道を示してくれる地図ではありますが、道を歩むのは自分自身です。

教典ヨガ・スートラにはイーシュワラ（自在神）という神が登場しますが、イーシュワラはヨガで求める「本質」を教えてくれる存在だと説明されています。つまり、ヨガを求める人にとっての神とは、道を与えてくれる師なのです。逆に言うと、私たち自身が教えを実践しない限り何も与えてくれません。

最も大切なことは自分自身との向き合い方です。

「人は自身を高めなければならない。自身を落としてはいけない。自分だけが自分の友達であり、敵もまたしかりであるから」（バガヴァッド・ギーター6章5節）

「自身を克服した人にとって自分は一番の友達である。それができない人にとっては、自己は一番の敵である」（バガヴァッド・ギーター6章6節）

私たちは自分の外に敵や味方がいると考えていますが、実際は自身の内側にあります。人は他人に理解して欲しいと願いますが、自分で自分のことが見えていない人を他人が理解することはできません。私たちが意識を向けるべきなのは、他人ではなくて自分自身です。

他人に対して、相手が自分の思った通りにならなくてフラストレーションが溜まることはありますか？

ほとんどの人はそうした経験があると思います。

では、自分自身に対してはどうでしょうか。

自分自身も思った通りにコントロールできないことが多いのではないでしょうか？

努力しているのに周りの人が認めてくれないと悩んでいるとき、本当の原因は、他人の評価がなければ自分を認めてあげられない自分自身にあるのではないでしょうか。

まずは自分自身が自分の良い友である必要があります。自分で自分を認めていれば、迷いなく行動を起こすことができます。その結果、自分自身が自分の言うことを聞いて行動してくれるようになります。

鏡の法則という言葉があるように、まずは自分から他人に友好的に接することで相手の態度が変わることは大いにあります。しかし、そうならない場合もあります。他人のことはコントロールできません。

人を変えようとするのではなく、自分自身を変えることに意識を向けていきましょう。

自分自身の探求であるヨガ哲学では、他人との人間関係に関してあまり書かれていません。昔から国を問わず人間の悩みの大半が人間関係であるのに、その解決方法が少ないのは不思議です。他人に意識を向けることより、自身に意識を向けることが大切と考えられているからでしょう。

ところで、自分自身にしかフォーカスしないことは、自己中心的な教えなのでしょうか。

自分のことばかり考えるヨガの教えは自己中心的に見えてしまうかもしれません。実際に私がヨガのコースを受けていたときに、何人もの西洋人のクラスメイトが「ヨガは自己中心的だ」と疑問をもっていました。

ヨガ哲学を教え始めてからも、「ヨガでは人を幸せにする方法を教えてくれないのですか」と何度も質問されました。

そうした疑問を抱いても、まずは実践を続けてみてください。

自分と他人を同等に見えるようになってくると、自然と人間関係も変わってきます。ヨガは平等の境地です。ヨガを始めたばかりのころは、自分のことばかり考えてしまうかもしれませんが、気がつくと自我が薄れて人との衝突が減っていきます。他者との関係を変えることも、自分自身とどう向き合えているのかが関係しているのです。

「自分の友は自分。自分の敵も自分」

あらゆる事柄の原因を他者に押しつけるのではなく、まず自分自身を見直す習慣を手に入れましょう。そうすれば、自分自身をもっと理解でき、他人に頼らなくても自分を快適にできるようになります。

おわりに

ヨガでは、純粋さを備えた人のことを蓮の花に例えることがあります。

蓮の花は、インドの国花でもあります。

蓮は、泥水の中から浮かび上がっていますが、たとえ泥水がかかっても水をはじき、決して泥に汚されることがありません。

同様に、私たちが本来内側に持っているプルシャ（真我）は常に純粋さを保ち、どのような状況にいても決して汚れることがありません。

ヨガの練習で目指すのは、蓮の花のような人になることです。

私にとって、インドという土地は、慣れるまで泥水の池のような場所でした。日本ほど経済的に恵まれておらず、貧困に苦しむ人が多い国。必然的に、詐欺や窃盗などが頻繁に起こり、人間不信に陥ることも多々ありました。しかしその国で、本物の蓮の花のように美しい心をもった人に出会うことがあり、すっかり魅了され、インドでの勉強を続けています。

不思議ですね。自分の心が落ちついてくると、以前は泥のように感じていたものにも美しさを見出せます。

私は、はじめてインドの首都デリーに住んだときに、騙されるような出来事を多く体験しました。そのため、常に疑心暗鬼で緊張しており、インドという国自体を嫌いになりかけていました。しかし、最近は同じデリーに行っても、全く嫌な思いをしなくなりました。また、嫌な出来事自体が起きなくなっているようにも感じるので、不思議です。自分の意識が変わった結果、自分の周囲に起こることが変わった気がします。

ひと昔前のインドでは、ヨガは悟りを開くための修行法で、出家した聖者が行うものだと考えられていました。しかし、最近はインドでも認識が変わっていて、一般の人が健康のためにヨガを学んでいます。

以前、私のヨガの先生が「ヨガはゴールに到達した人だけが効果を得られるメソッドではなく、誰でも行った分の効果が得られるメソッドだ」と話されていました。私はその言葉がすごく好きです。

「これができないから自分はダメ」という結果至上主義は、ヨガには存在しません。形式的な成功が訪れなくても、確実に人生を変化させてくれるのがヨガです。

そのプロセスを楽しめる生き方が良いですね。

私たちの人生は思考の積み重ねなので、ほんの少しの変化が、人生を大きく変えてくれます。

どれだけ綺麗事を話しても、世界には悲しみがあふれています。コロナ禍で、私の尊敬するインドの音楽家が何名も亡くなりました。その後で起こった戦争の当事国には、私の親しい友人が何人もいて、心配が募ります。

そんな中、私のインド音楽の師匠は、繰り返し話してくれました。

「この場所で、音楽を奏でることができる。こうやってお茶を飲んで、充分に食事ができる。これ以上に何を求めるのだ」

この言葉は、ついついニュースや外の情報に惑わされそうな私を、何度も「今、ここ」に引き戻してくれました。

世界中でたくさんの方がヨガに興味をもって、ヨガのクラスに足を運ぶ習慣が定着していることは、本当に素敵なことです。さらに多くの人が、その土台になったヨガの考え方について興味をもってくれればと願っています。

ヨガ哲学は特殊な思想ではなく、私たち誰もが参考にできる生活の知恵なのです。

著者プロフィール

永井由香（ながいゆか）

2013年、ヨガの聖地リシケシにあるヨガ講師養成学校「Tattvaa Yogashala」にて全米ヨガアライアンス500取得。その後、同学のアシスタント・ティーチャーを経験。同学のSunil Sharma氏やSwami Omkarananda氏、Bihar Yoga SchoolのSwami Satyamitrananda氏などからインド哲学の指導を受ける。現在はヨガ講師としての活動とともに、ヨガの楽器と呼ばれる古典楽器バンスリ（竹フルート）をインドの人間国宝であるHariprasad Chaurasia氏から学ぶため、ムンバイに在住。国内・国外の演奏ツアーに同行し、スピリチュアルな音楽とヒンドゥー教の文化を学び、発信にも尽力している。

よすがBOOKS

心地いい生き方の地図
インドの古典ヨガ哲学が人生の悩みを解きほぐす

2025年2月26日 初版発行

著者　永井由香
編集　野間野 太郎 / 株式会社 YOSCA
デザイン　Loknfor

発行所　星天出版

印刷・製本　株式会社シナノパブリッシングプレス